かざらないひと

「私のものさし」で
私らしく
生きるヒント

月と文社
編

はじめに

その存在に、とても心が惹かれるけれど、心がざわざわしない人。

そんな女性たちが今、静かに支持を集めていると感じています。

心がざわざわする、という気持ちを紐解いてみると、優劣やヒエラルキーのようなものに心が勝手に支配される、という感覚でしょうか。

仕事の成功度、地位、財力、学歴、外見など、世間一般のさまざまな「ものさし」ではかったときに上位の数値をたたき出す人に対して、私たちは勝手に心がざわわしてしまうことがあります。同じものさしで自分との距離をはかり、追いつけない劣等感や、追いつかないとダメなの？　という焦りを感じてしまうから。

この本に登場するのは、心がざわざわしない存在でありながら、もっとこの人のことを知りたいと思わせる独自の魅力を持っていると、編集者・取材者である私が感じた女性たちです。いずれの方も過去に取材を通してお話ししたことがあり、今回の本づくりにあたり、より深くお話を聞かせてほしいとお願いして、快諾いただきました。

お話を聞いてみて感じたのは、どの方もこれまでの人生で、「人と比べて自分はどうか」と考える時期がないわけではなかった、ということでした。

一方で、今の彼女たちは、「自分をどう魅せるか」という他人の目線を意識した試行錯誤からは自由に見えました。これまでの人生のなかで「自分のものさし」を無意識に育み、それを基準に物事と対峙《たいじ》しているので、いろいろと悩むことはあっても、たたかう相手は他人の目線ではなく、もうひとりの自分——そんな印象を受けました。

多くの人が共有する価値基準のなかで、他者よりも一歩前に出るための「自分を飾る」という行為には興味を持たず、自分の価値観の海のなかを、自分のペースで泳いでいる――この本に登場するそんな人たちを「かざらないひと」と名づけてみました。彼女たちが「かざらない」自分を確立できている理由を、この本では根掘り葉掘り、紐解いてみたいと思います。

読んですぐにまねできそうなマニュアル化やルール化はできません。語られる言葉のなかに、彼女たちが無自覚に歩んできた道があり、現時点でたどり着いている考えがあるだけです。人は日々変化するものなので、語られた彼女たちの価値観が、歳を重ねるごとに少しずつ変わっていく可能性もあります。

それでも今ここで、なんとなく時代が求めているような気がする「かざらないひと」たちの言葉や価値観を記しておきたいと思います。

他人のものさしに左右されず、でも世の中とうまく折り合いをつけながら、自分のものさしで生きていく。そんな生き方を志向する人にとって、この本が少しでも糧になればと思っています。

月と文社　藤川明日香

目次

かざらないひと 2
「納得」を大事にするひと
タサン志麻

かざらないひと

3 「意志」を大事にするひと

高尾美穂

かざらないひと

4 「普通」を大事にするひと

堀井美香

かざらないひと 5
「気持ち」を大事にするひと　佐藤友子

*

かざらないひと

1

*

かざらないひと1

赤江珠緒

「面白さ」を大事にするひと

赤江珠緒

フリーアナウンサー。1975年兵庫県生まれ。1997年に朝日放送入社。バラエティ番組のアシスタントや全国高校野球選手権の実況中継アナウンサーを務める。2003年からテレビ朝日系列の『スーパーモーニング』の司会を約3年間担当した後、2006年からテレビ朝日と朝日放送の共同制作番組『サンデープロジェクト』のキャスターを務める。2007年からフリーランスに転身し、再び『スーパーモーニング』の司会に。2011年から後継番組『モーニングバード』の司会を4年半担当。2012年4月から2023年3月までTBSラジオ『赤江珠緒たまむすび』で月曜～木曜のメインパーソナリティを務める(2017年に長女を出産し1年間の産休)。2022年9月に『たまむすびin武道館』を開催。

「面白さ」を大事にするひと
赤江珠緒

2023年3月までの11年間、TBSラジオの午後の帯番組『たまむすび』のメインパーソナリティを務めてきた。曜日ごとに異なるパートナーは、第一線で活躍する芸人やタレントたち。彼らと繰り広げる肩の力の抜けたトークを通して、彼女のキャラクターは他に類を見ないほどリスナーに愛されてきた。

友達になりたい、なんならもう友達だと思っている――ラジオを聴いているだけでリスナーにそんなふうに思わせる彼女は、「等身大」を感じさせる人だ。

自身についての彼女の語りから見えてきたのは、心がタフであること。そして、人生において面白さを大切にしていること。

「たぶん私、カツオっぽいんですよね」と、自己イメージをサザエさんの弟である小学生男子にたとえる。実はものすごく仕事に真摯に取り組む人であることを表に出さず、カツオ的な着ぐるみに心地よくくるまれて、どんなにきついことがあっても面白さを発見しながら前を向いて生きていく。彼女がタフなカツオでいられる理由を紐解いてみたい。

こんなひと

1 モヤモヤを行ったり来たりする

小学生時代から書き続けてきたノートが、49歳になった今までに18冊たまっているという。日々のモヤモヤした思いを、書くことで客観視してきた。「タイムマシーンみたいに過去と現在を行ったり来たり」できるという、彼女にとって欠かせないノート習慣について聞いてみた。

昔から自分の思いをノートに書いているそうで。

はい、小さいころからずっと、今も書いてますね。もう18冊ほどになります。

書き始めたのは、小学3年生ぐらいだったと思います。もともと活発な、ちょっとおてんばなほうで、いつもバタバタしてるし、落ち着きはないし、通知表にも注意散漫とか書かれるような子だったんですけど…。唯一、本を読むのだけは本当に好きで、親も、**この子は本を与えとけば静かにしてる**からと、本だけはどんどん与えるみたいなところがあって。

そのうち母親に、読んだ本の読書感想文みたいなものを記録として書いていったら？と言われて。1冊目のノートの最初のところだけは、本のあらすじと感想をまとめて書いてるんです。でも、そのうちそれはもうやらなくなって、そこからは、自分が思ってることを、毎日では全然ないんですけど、ものすごく**感情の幅が揺れたとき**に書いているうちに、それが癖になってきて、今まで続いているんです。

どんなことを書いて、どう気持ちが変わったんでしょう。

小学校のときは、本当に嫌だったこととかを…たとえば、学校の視力検査が嫌だったとか。私、目が悪かったので、あんな前まで行かされるのがすごい嫌だとか、あれは恥ずかしいとか、そういうことを書いてたような。自分のなかのいろんな気持ちをぶちまけてたんでしょうね。

　中学生になったら友達との関係性なんかを書き出して。書くことによってなんだかスッキリもするし、何より、モヤモヤして何かわけのわからない感情が、言葉にすることで、「うん、そうかそうか私、そう思ってたんだ」と思えることが**だんだん面白くなって**きたり。モヤモヤしてるとよくわからないので1回ノートに向き合ってみようか、みたいな感じですよね。

　書いているとおのずと感情もワーッてあふれてきて、「ということはこういうことか」みたいに納得したり。書いたものがたまってくると、読み返したときに気づくことがあって。書いてるときは「今めちゃくちゃこのことに悩んでる」と思ってるんだけど、3年前とかのノートを見たら、今思えばどうでもいいことで同じようにすごい悩んでるんですよ。

　こんなに悩んでいたことも、時の流れを経るとどうでもよくなるんだ、と感じられたりして。**自分のなかのタイムマシーン**じゃないですけど、行ったり来

たりする感じが楽しくなったんだと思います。

今も昔のノートを読み返すと、もう字からしてすごく年代を感じて、自分の字がだんだんこうなっていくんだ、みたいな面白さもありますし。悩み事もその時代その時代によって、すごく真剣に書いてたと思うんですけど、今見ると、わー、もうこれ恥ずかしくて誰にも見せられないみたいなのもあって。**人間ってこうやって変わっていくんだな**と実感します。

書くのが、もはや習慣になっている？

書かないときは半年以上書かないこともありますし、煮詰まってるときは3日に1回くらい書いてるときもあるし。何か自分の感情がワーッて**書きたいって書きたい**ってなったときに書くので、平和というか凪《なぎ》のときはあまり開いてないですね。

最初は負の感情が出てきたときに書いてたんですけど、今は、**この気持ちも置いておきたい**、みたいな。すごく嬉しかったとか、ありがたかったとか、これは忘れないようにしたい、みたいな気持ちも書くようになってますね。本当に感動したとか、もうすごいショックだったとか、感情がどっちかに振り切れたときに書いてる感じです。

ラジオをやってたときも、このノートは意外と役に立って。気がつけば私も49歳ですけど、13歳のときの自分のノートを見ると、あーそっか、この辺か、**この辺のレベルで悩んでたのか**、みたいなのがわかるので。リスナーの方からいただいたお便りを見ても、そうだよね、この辺の感覚だもんね、と**自分のなかのものさし**みたいに使えたところはありますね。たとえば30歳の頃のノートを見れば、30歳前後の女性の悩みについてラジオでコメントが来ても、当時の気持ちを想像して対応できる。同じように働いていても、30歳のときの私と、今の49歳の私とでは全く考え方が違うので、ノートを見ると、そりゃ悩むよね、と思えます。

こんなひと 2

山をぐるっと回って考えたい

「多くの人に知ってもらうことは、ハッピーなことでもあるけれど、因果なことでもあり、その恐れもある」。人々の生活に溶け込むようなラジオやテレビの番組で日々、発言をしてきたからこそ、物事を簡単にジャッジすることの怖さを知っている。その思いを語ってくれた。

テレビやラジオでの発言で心がけていたことはありましたか？

何かがあったら、その出来事の**周りを1回ぐるっと回って**、全部の角度から見てみた上で自分はどう思うか、それをここで言ったほうがいいか、言わないほうがいいのか、を常に考えていたと思います。

30歳前後で『スーパーモーニング』という朝の帯番組のメイン司会を担当することになったんですね。当時は朝から政治家の方や専門家の方が生放送でガンガン討論するような番組形式で。私もただ司会をするだけでなく、自分の考えを言わなければならなくて。あるテーマに対して賛成という人がいれば必ず反対という人がいて、どちら側の意見もあるなかで自分はこう思うと言うと、逆の意見の人からすごく反発を受けたりする。私宛てに殺害予告が局に送られてきて警察に届けたり、裁判で訴えられたりということもありました。

ご自身が発言したことに対してですか？

そうですね。やっぱり**公で物申す**というのは、井戸端で話しているのとは全く違う影響が出てしまうので、その怖さは常にありました。まだまだ若輩者で、人生経験が多かったわけでもないので、とにかくいろんな視点で物事を見ようとしていました。ベテランの、重鎮のコメンテーターの方たちが番組でバーッと自分の意見をおっしゃるのですが、毎回大学の講義を受けているみたいで、このことに対してはこうおっしゃるんだ、こういう意見があるんだと思いながら聞いていました。

新聞を何紙も読んだり、他の番組を見たり、書籍もいろんな視点のものを読んで、あることに対しての賛成も反対も**両方の意見を必ず自分のなかに入れて**いました。アンテナをできるだけ全方向に広げて、考えを取り入れた上で、私はこれに関してはこう思いますと言うようにしていました。**自分はどう思うのか**ということを1回、自分のなかに落とし込んで、それを軸として持っておかないと、司会をするにしても発言がぶれてしまうし、何を伝えたいのかがわからなくなってしまうので、それは日々ずっと続けていましたね。

ラジオでは、政治的なこと以外にもいろんな発言をしなければならないこともあったと思いますが、やはり自分の思いに一番近い言葉を探すようにしていたのでしょうか。

はい。特に物事の善悪についてとか——我々のような表に出てる仕事って、特にイメージで左右されますし、作られたイメージとかで、どうとでも見えちゃうんです。でも世の中のことって本当は**そんなに単純じゃない**ですよね。1人の人間だって、一面だけでなく、何面もあるものですし。

私もたくさんの人をインタビューしてきてすごく思うのが、**人って1つの山みたいなもの**で、こっちの道から登った人はこの景色を見てるけど、こっちの道から登った人は違う風景に出会ってる。だから全体を理解するって、そう簡単なことではないなって、つくづく思うんです。

何かの一瞬をとらえて切り取って、一面だけを見ている形にならないようにしたくて。自分もやっぱりたくさん流れてくる情報を見て、「え、そうなんだ」とか単純に思っちゃいがちです。でも、実はそうじゃないという気づきをたくさん経験してきたからこそ、「いや、ちょっと待って。こっちから見たらそうだけど、**あっちから見たらどうだろう**」とか考える癖みたいなものはつけるようにしてますね。

今は誰でもすぐ自分の意見を発信できる時代になっていますけど、私がアナウンサーになった頃って、まだそこまで個人的に発信するっていうチャンスもなかったので、何か世の中に情報を出すっていうのは、とてもハードルが高かったです。

本当にそれは言うべきことなのか、**公の電波に乗せるべきなのか**とか、先輩たちから問われることもありましたし。お前が時間を取ってこれを言ったのがすごく無駄な時間だったとか、何かをリポートしたときにそれが全然役に立ってないって言われたこともあります。スポーツについてのリポートを1つ入れるにしても、時間が限られてるなかで言うべき情報はこれだったのか、いや違うこっちだったんじゃないかとか。その人の良さが本当に際立つのはこっちの言葉だったんじゃないかとか…。かなりいろんなジャッジのなかでプロたちは情報を出すっていうプロセスを見てきた世代なので、できるかできないかは別にして、今でも自分が何か発言するときには、それをすごく気をつけていますね。

そもそも自分をたくさんの人に知ってもらうというのは、ハッピーなことなのかもしれないけど、すごく**因果な仕事**だなとも同時に思うので、それに対しての**恐れ**っていうのはありますすね。恐れがある上で、それをいかに何か有益なものにしたり、楽しんでもらえるようにするのかっていうことを自分なりに考えるので、ベースの軸にはたぶんそれがずっとあると思います。

物事に誠実に向き合っている印象があります。

誠実っていうほど、そんなにいい人じゃないですよ。ただ、**得心《とくしん》がいくまで話せ**、みたいなことは親からもずっと言われていました。たとえばこういう学校に行きたいんだとか、アナウンサーになりたいんだとかいうことも。もっと小さい、これを買いたい、このおもちゃが欲しいとかいうことも、とことん話して、容赦なくダメだと言われることもちろんあるんですけど。自分の本当の思いみたいなものをぶつけてぶつけて、向こうも親だから、それは買えない、ゲームは絶対いらないとか言ってお互いに得心するまですごく話して、親が言ったことに子ども心に納得したら、うん、わかったってなっていたし。親は、子どもが言ったことに納得したら許可を出すという家で。

言った結果、親の考えが変わるかどうかはわからないけど、思っていることは**ちゃんと言葉を尽くして伝えたい**という思いはあるかもしれません。その思っていることは、正しいことでもなかったり、いいことでもなかったりもするんですけど。

あとはたとえば、子どもに「嘘ついたら泥棒になるからダメだよ」とか言うのが一般的だと思うんですけど、いや、**嘘も必要なんだよ**みたいなことも、私は子どもに全然言いますね。

『久遠の佛さま』っていう古い児童書が家にあって、そのなかですごく覚えている話があるんです。インドの長者の家で、子どもたちが楽しく遊んでいるんですけど、その家が火事になってしまって。火事に気づかず遊んでいる子たちに、外から大人たちが早く逃げなさいって言っても、みんな楽し

いから全然出てこない。そこで長者が、お前たちの大好きな牛車が来たよと嘘を言うんですよ。すると子どもたちが牛車を見たいとワーッと出てきて、全員助かった。**人を救うために必要な嘘**っていうのもあるんだよ、という話を幼稚園くらいのときに読んで、「ええっ?」となったことを覚えてます。

　人の物を取るのはダメだとか、子どもにはいろいろ教えなきゃいけないこともありますよね。でも、世の中そんなに**白黒はっきりしているものじゃないんだ**っていうことは、なんとなく伝えたいなとは思うので。それが正解かはわからないですけど、あーだこーだ自分で試行錯誤して伝えていきたいなという気持ちはあるかもしれないです。

　ラジオをやってたときも、きっとリスナーさんからしたら、こんなことまで話すんだと思われるような発言もあったと思います。普通だったらたぶん番組の内情とか、そんなに話す必要はないよねと思われることも、**こういう思いでやってるんだ**っていうのは伝えたくて。その結果は自分としてはあまり問わずというか、自分ではどうしようもない、左右できないことなので。ただ、そこに自分の思いがあったり、伝えられることがあったら、そこは厚くして、やるだけやったって自分が納得できるようにしようとは思ってましたね。

こんなひと

3

「物語」から人間心理を学ぶ

語りのなかにたびたび登場するのが、「物語が好き」という言葉。人間関係の機微も、物事を単純に判断する怖さも、古今東西の物語を読むなかで学び、自身の考えに染み込ませてきた。アナウンサーを目指すことにもつながった、彼女の「物語」への思いとは——。

読書好きになったのはいつ頃から?

幼稚園の頃から好きでした。覚えているのは小学1年のときの誕生日に、初めて母親にお小遣いをもらって、ひとりで近所の小さい本屋さんに行って、悩んで悩んで選んだのが**『ふらいぱんじいさん』**（あかね書房）という児童書で。今でも家にあって、絵がすごく素敵なんです。後から知ったんですけど、絵を描いているのが堀内誠一さんという、雑誌『アンアン』の題字を描かれた方で。その絵に惹かれた本でした。

あとは**『日本のあべこべ話』**とか、絵が面白い学研シリーズの本がいろいろあって、そういうのを読むうちに本が好きになりました。

新学期に教科書をもらって帰ってくるじゃないですか。まず自分の国語の本を全部読んで、**ああ面白かった**って言って、2つ上の姉の国語の本を、全部先に読んじゃってたんですよ。新しい本なのに珠緒が先に読むから折り目がついてると、よく姉に怒られてました。弟が幼稚園でもらってくる絵本とかも全部先に読んで。物語がとにかく好きで、**先がどうなるのか知りたくてしょうがない、**という気持ちでしたね。

アニメの『まんが日本昔ばなし』もよく観ていたそうですね。

はい。それはでも当時は特別好きだったわけではなくて、単に毎週土曜にルーティンで見ていた番組だったんですけど。改めて自分がアナウンサーを目指そうとしたとき、朗読を練習する機会があって、『まんが日本昔ばなし』の**市原悦子さんの語りがいかに素晴らしかったか**と気がつきまして。民話とか外国のお話も好きだったんですけど、日本の昔話や落語とかも好きだったので、あの番組のすごさを大人になってから改めて思い知りました。

小学4年生の頃だったと思うんですけど、国語の本の朗読が結構得意で。違う学年の先生に道徳の教材の朗読を録音したいから読んでくれないかと頼まれて。放課後に残って朗読を録音したら、お礼にとお菓子をもらったんです。それが**初めての労働の報酬**で、これでお金もらえるなんて最高だなと思いました。

朗読が得意だったり、学年のイベントで司会をやらされたりして、周りの大人からアナウンサーになったらいいんじゃないかと言われて。小学校の卒業文集には、将来**アナウンサーか声優**になりたいと書いてましたね。その後、中学に入ったら、人をもてなすのが好きだから旅館の女将になりたいとか、いろいろぶれてましたけど。

中学時代には人間関係で悩んだこともあったとか。

そうですね。父親の転勤先だった高知市で中学校に入った頃までは、あんまり何も考えずに子ども時代を謳歌しているみたいなところがあったんですけど。中学2年の3学期に、転校生が全然来ないような兵庫県の中学校に転校するんですね。転校生が来るということで学校中からワーッと人が集まって、転校早々あの男子が好きだって言ってるよみたいなことに巻き込まれて。公園に呼び出されるんだけど、その公園も、その人も知らないし無視してたら、よくわからない女子の勢力に絡まれるみたいなことがありました。

　転校前までは陸上部に入ってたんですけど、転校先では部活にも入らず急に運動もやめちゃってたのと、そういう人間関係のトラブルやらで、急性膵炎《すいえん》になっちゃったんですね。たぶん自分が思ってる以上にストレスだったんでしょうね。

　転校して2週間くらいで急性膵炎になって入院して、しばらく休んで、再び学校に行きだしたら仲間外れにされて。もう学校行きたくないなと思いつつ、行かざるを得ないとも思っていて。結局また陸上部に入ったら、友達ができて仲良くなりました。

　当時、学校内にヒエラルキーみたいなのがあったとしたら、1回仲間外れにされたときは枠外みたいになっちゃったんですけど。自分で言うのもなんですが運動も勉強もできて、試験でも一番になったりしたので周りの評価も変わってきて、それはよかったんですけど、**自分のなかではモヤモヤ**しました。

　自分は転校前と何ひとつ変わっていないのに、周りの評価で自分の客観的な価値ってこんなに上がったり下がったりするんだというのが、思春期の私にはショックだったんですよね。人間不信になったというか。結局、ヒエラルキーみたいなもののなかで上に上がれても、どこか嬉しくない。何なん？　これ、周りの評価って何？　という思いを悶々と抱えてました。

　それまで何も考えずに過ごしていた子どもから急に大人になったのは、明らかにその時期でした。

絵の力強さに惹かれた本

子どもの頃に読んでいて、絵の印象が強くて好きだった本。最近の児童書は割と萌え系の絵も多いんですけど、昔の児童書は絵が絵画的で、すごく力を持っているんですよね。実家に置いていたものを取り寄せて、今は娘に読み聞かせています。

旅情感のある本が好き

仕事抜きで読むのは、どこかへ旅に出るような、旅情感のある本が好きですね。小学校のときに『スーホの白い馬』(福音館書店)という絵本を読んだり、星空が素晴らしいと聞いたりして、モンゴル語学科のある大学へ行こうかと思っていたくらいモンゴルに憧れていたんです。『チベットを馬で行く』(文春文庫)はリスナーさんに薦めてもらった本で、モンゴルではないのですが、そのあたりの地域を馬で旅するという私の夢にぴったり来て、読んでいます。

ストーリーや世界観に影響を受けた本

クレヨン王国シリーズ（講談社青い鳥文庫）は小学生の頃にすごく好きでした。最近はハリー・ポッターとかスタジオジブリの作品とか、よくできたファンタジーのお話っていろいろあるんですけど、クレヨン王国シリーズは、ジブリが映画化したらすごくいい作品になるだろうなと思っていて、関係者に強く推したいです。作者の福永令三さんのファンタジーはとても豊かな世界観で、新しいものが出るたびに買っていました。漫画で一番好きなのは川原泉さんの作品。高校の世界史の先生がすごく面白い先生で、川原さんの『中国の壺』『バビロンまで何マイル？』（ともに白泉社）とか世界史の話が出てくる作品の絵を授業で多用されていて、それをきっかけに買い始めました。からっとドライな明るさのなかに深い心情も描かれていて、いろんな出来事を飄々と走り抜けていく主人公が多いところに惹かれます。『本日のお言葉』（白泉社文庫）は川原さんの漫画のセリフを集めた名言集。繰り返し読んでいるので、川原泉さんワールドの言葉選びや世界観には影響を受けていると思います。

そこから周りの評価みたいなものをすごく意識するようになって。今まで何も考えずに発言したり、楽しいときはわーっとはしゃいで、天真爛漫というか、ある意味、人を傷つけてた部分もあったと思います。でもこの頃から、いやここで私が嬉しくて喜んでも、この人嬉しいのかなとか、自分の気持ちよりも先に**周りの気持ちを汲み取っちゃう**ようになったと思います。

　そういう経験もあり、高校に入ってからも**人間心理**にはすごく興味があって、心理学も学べる人間科学部という新しい学部ができた神戸女学院大学を受験して、進学しました。でも心理学のゼミに入って、カウンセラーの疑似体験をしたときに、「赤江さんはカウンセラーというよりも、**インタビュアー**になっていますよ」と先生に言われたんです。

　カウンセラーって、相手が自分で答えを見つけるように促すものなんです。たとえば、「不眠症で夜、眠れない」という人に対して、「夜になっても眠れないんですね」というふうに、その人の言葉を鏡みたいに繰り返してあげることで、相手に自分で考えを巡らせて答えを見つけてもらう。でも私は、「どういうところで寝てるんですか」「窓は開けていないんですか」とか**好奇心を持って質問してしまう**タイプで。

　そんなこともあり、子どもの頃にアナウンサーになりたいと思っていたことを思い出して。アナウンサーはインタビューもする仕事だし、やっぱり目指そうかなと、大学3年の頃にアナウンス学校に通い始めたのが今につながっています。

アナウンサーになって、テレビやラジオでいろんな人にインタビューしたり、トークをしたりするなかで、気をつけていることはありますか。

相手に恥をかかせない、ということはずっと思っていますね。自分は恥をかいてもいいですし、相手に突っ込んだりするのは楽しくて全然するんですけど、恥をかかせるというのはちょっと違うなと思っていて。人に恥をかかせるというのは、ぬぐい切れないダメージを相手に与えてしまうことなので、仕事をする上でなんとなく意識していることかもしれません。

そういう意識の**原点にあるのは、やっぱり物語**ですかね。異国の王様の話とか、いろんなとんち話とか、本を読んでいるなかで学んだ人間の心理というか。

2021年秋に当時の菅義偉首相が退陣を表明され、次の総理大臣は誰だという話題になっていたとき、新聞から取材を受けたんです。どんな人に総理になってほしいと思いますか、理想の政治家ってどんな人だと思いますか、と聞かれまして。

そのときに私、**敵を味方にできる人**が、究極の理想の政治家だと思いますって答えたんです。敵だと思っている人をこそ味方にできる人が、きっと外交もうまいし、政治の世界に一番必要な人なんじゃないかと。そういう人が一番強い人なんじゃないかと私は思うと話したんですけど。

いろんな人間同士の摩擦も、世の中で起きているいろんな事柄も、**人対人の気持ちから始まっている**じゃないですか。わだかまりだったり、喧嘩だったり。敵を味方にしようとしたとき、相手に恥をかかせては、まったくもってどうしようもないですよね。

そういうことは物語のなかの人物のやり取りを読んで、自分なりになんとなく学んだことかもしれません。歴史上の出来事でも、恋愛の駆け引きでも、結局、人の気持ちを自分のほうに向けるにはどうすればいいかというのは、古今東西変わらないじゃないですか。いろんな書物でいろんな人のやり取りを読むのが好きだったのは、そんなところが面白かったからじゃないかなと思います。

こんなひと 4

「心がタフ」で続いてきた

「技術があるほうでもないし、失敗は数知れずある」と振り返るなか、アナウンサーという仕事を楽しみながら続けることができ、周囲にも求められてきた。その理由を「心がタフだからだと思う」と自己分析する彼女には、厳しい大人たちと向き合ってきた過去がある。

アナウンサーの就職活動はどのように？

大阪のＭＢＳ（毎日放送）が第一志望だったんです。大好きな『まんが日本昔ばなし』を制作している会社だからというめちゃくちゃ単純な理由で。ライブラリーに行けば見放題なんじゃないかと思って。

大阪より先に東京のテレビ局の試験がありまして、ＭＢＳはＴＢＳ系列なので、ＴＢＳだけ一応受けてみようと思って受けてみたんです。そしたら割と順調に進んで、最後20人くらいになるところまで残って、そこで落ちたんですけど。

ＴＢＳでここまで残ったらＭＢＳはもらったなとウキウキでＭＢＳを受けたら、１次で落ちました。系列っていうだけで全く別会社なので、ありゃーと。それでＡＢＣ（朝日放送）を受けて、採用されました。アナウンス学校で鍛えられていたことが、就活では役立ったと思います。

アナウンス学校ではどのように鍛えられました？

私が通っていたのは、**生田教室**という大阪にあるアナウンサー養成学校で、大手のアナウンス学校とは違って寺子屋のような、そして鬼のような学校だったんです。生田博巳さんという戦前生まれの元ＮＨＫアナウンサーの男の先生がやっていらっしゃる学校で、めちゃくちゃ厳しかったんですよ。

大学に行きながら、当時は週3回くらい通わなきゃいけなくて、夕方5時に始まって終わるのが10時くらい。本の朗読とか発声とか、それ以外にもいろんなことをやりました。先生がずっと話をするので、それを聞いてメモするんですけど、下を向いてメモしてると「それはダメです。相手の目を見てメモを取るんです」って注意されるくらい、いろんなことを徹底的に仕込まれるような教室だったので、そのときはかなり頑張りましたね。

基本的に生徒がめちゃくちゃ怒られる教室なんです。「君たちはトゥー・ヤングなんです、あまりにも若すぎる、幼稚なんです！」とか言われると、当時20歳そこそこの学生たちはみんなピーンみたいな感じで緊張して。でもなぜか私は不思議とあんまり怒られなかったんです。特に技術が高かったわけではなく…、技術的には圧倒的にできる人たちがたくさんいたので。

たぶん私が**あまり先生を怖がっていなかったの**がよかったんだと思います。みんなは怖がってたんですけど、私は怖いとは思わなくて。愛情がないと怒ってくれないし、怒られ

るために通ってるんだから、**怒ってもらわないと困るよ**と思っていました。

生田先生はもう20年くらい前に亡くなられていますが、今生きていたら90代くらいの方なので、古風というか、昔ながらの考え方の人だったんですよね。私の家も同じような環境でした。山伏《やまぶし》のようなことをしていた祖父がいて、両親も昔ながらの考え方の人で。父親はサザエさんの家の波平のような、こわーというお父さんでしたし、高校のときの部活の先生もすごく怖かったし、**怖い大人にたくさん怒られ慣れてた**んで、生田先生をあまり怖いと思わなかったんです。

技術的なことは一生懸命やっていけばそのうちできるようになるし、自分がやるかやらないかだけのことですけど、精神的なこと、物事をどう受け止めるかということを、先生には学びましたね。

先生はよく「いつまでも川の支流を流れているのではなく、本流を流れないと、なかなかゴールにはたどり着けないんだ」ということをおっしゃっていました。「年上の人たちとどう付き合うか、同じことを言われてもどう受け取るかで、**本流を流れる人になれるかどうか**の結果が違ってきますよ」と。先生の言うことを受け止められていれば、結果にたどり着くのは早いだろうしと思っていたので、そういう態度は先生に評価されていたかもしれません。

ABCに採用された理由は聞きましたか？

はい。入社時は私を含めて女性アナウンサーが3人採用されたんですけど、当時のアナウンス部長に、「赤江、お前は本当は書類で落ちてたんだけど、**敗者復活で上がってきた人間**だからな」と言われました。応募数が多いので、一次試験よりも前に書類で合格・不合格を分けられるんですけど、そこで落ちていたらしいんですよ。

でもそのとき、「合格した人数を後で数えてみたら少なくて、もう少し何人か入れようかということになり、関西以外の遠いところから呼ぶのは申し訳ないから、兵庫県くらいならいいかと、書類で復活させたのがお前だ」と言われて。

なんと…！ 面接などはどのようにクリアしたのでしょう？

面接で1分間自己紹介する場面があって、自分の「珠緒」という名前の由来を話しつつ、「金《きん》さんっていう人と付き合っていたとき、結婚すると名前的に難しいなって思ったんですよね」という話をしたんです。実際にそういう名前の人と学生時代にちょっと付き合った時期があって。

そうしたらこれが大ウケで、「お前はそれで逆転で入った」と後から言われました。特に下ネタでいこうとか、これで絶対爆笑だとか、ウケを狙ってというほどでもなく、ちょっとクスッとできるくらいのことを入れておいたほうがいいかな、という程度だったんですけどね。**面白かったことを日記に書くのと同じような気持ち**で言ったんだと思います。

その後の試験は、たとえば、屋上をテーマにしたバラエティ番組があったとして、屋上で何かしゃべってみてくださいとか、プロ野球選手が球場内を走っている映像に実況をつけてくださいとか。実況は生田教室で鍛えられていたので、ある程度はしゃべれたんですけど、一塁回って二塁回って…と選手の動きを実況するだけじゃなく、選手に花束を持ってきた女性の脚がすごくきれいです、とか描写を入れてみたりして。そういうのが面白かったみたいで、**面白採用で入った感**はありますね。

普段から面白いことを言って人を笑わせるタイプでした？

いやあ、クラスメイトを笑わせるようなタイプの面白い人では特になくて。よく芸人さんとかで小さい頃から面白かったというエピソードがありますけど、全然そういう感じではなかったと思います。ただ、きょうだいとか友達といるときは、ちょっとやんちゃだったり、いたずらしたり、面白いことをしたいという発想はあって。

一緒に遊ぶと面白いと小さい頃からよく言われたのは、たぶん私がいらんことする子だったからだと思いますね。

アナウンサーになった当初は
どんな育てられ方を？

私がＡＢＣに入社した年は、アナウンス部だけでなく、初めて社内の全部署の人たちがアナウンサーの採用面接に参加するようになったタイミングだったので、「自分たちが選んだ子たちだから大事に育てよう」みたいな雰囲気が社内全体にあって、手厚く育てていただいた印象があります。

最初は、やらかしたことも失敗も数知れずありました。情報番組で安全カッターという商品を紹介するなかで、私がベーグルを切ってスタジオの人たちに分けるとき、カッターで指を切って手が血まみれになって、安全カッターのアピールにならないみたいなことがあったり。１日乗車券で旅をするという企画で、肝心の乗車券を線路に落としたり。２年目に甲子園の実況を担当したとき、ある強豪校でエースのピッチャーからの交代で投げていた選手の頑張りを褒めたいなと思って、「エースに勝るとも劣らない」と言いたかったのが「エースに劣るとも勝らないピッチングでした」と生放送で言ってしまって…、劣るんかいと一斉に突っ込みを受けたり。

いろいろやらかしてますけど、先輩は**「前に転ぶ分にはいいよ」**と言ってくれていましたね。「一生懸命工夫してやった結果ちょっと失敗したとしても、俺たちは救いようがある。でも心が引けてしまって後ろ向きになった状態が引き起こし

た失敗はどうしようもない」と。その言葉は仕事をする上で、ずっと自分の指針になってますね。

ラジオでは「3秒前は過去」とよくおっしゃっていましたね。

あれもABC時代に生まれたものですね。ある現場ですごい失敗をしてしまって、やってしまったー、あんなことをあの場で言ってしまって…とめちゃくちゃ落ち込んで、先輩からも「あれはないよな、お前わかってるか」と言われるほどの失敗だったんです。でもそのとき先輩が続けて、「赤江、1回反省したら次に引きずるなよ」と言ってくれまして。アナウンサーの仕事って、たとえば4時に生放送が終了したら、5時半にはもう次のインタビューに行っているとか、次の番組に出ているとか、**また違う世界に飛び込まなきゃいけない**ということが日常的にあるんです。

そういうときに前の番組のことを引きずっていたら、次の番組のスタッフや視聴者に失礼だし、切り替えなければいけないということはそのときにすごく学んで。**「3秒前は過去」**と自分に言い聞かせるようになったんだと思います。

仕事の面白さをどんなところで感じていましたか？

入社当時は報道がやりたいですとは言っていましたけど、希望が通るということは全くなくて、最初はスポーツ担当で、情報番組、バラエティと言われるがままにやっていましたが、やってみるとどれも楽しくて、オファーしてくださる仕事を全うしようという姿勢でしたね。最終的には報道もやらせていただいて。

やっぱり自分が成長していくというか、**できなかったことができるようになった**と感じられることが面白かったですね。たとえば本当に些細な、人から見たら全然気づかないようなインタビューの一言を取っても、こういうフォローが以前はできなかったのにできるようになったとか、こういうタイプの人にも最初からパンッて聞けたとか。いろんな仕事を掘れば掘るほど、それぞれの仕事にものすごくうまい人がいて、こんなことできないな、こういうふうになりたいなと思うことがどの分野でもたくさんあったので。それができるようになることが、ゲームをクリアしていくみたいに楽しかったです。

ご自身がアナウンサーという職業に向いてるなと思う部分はありますか?

たぶん、適当って言うとあれですけど、**心が割とタフ**というか、そこなんでしょうね。アナウンス学校の生田先生にも褒めてもらったところではあるんですけど。アナウンサーという職業には、小手先の技術よりも心がタフであることが必要だから、あなたは向いていますと言ってくれていたんだと思います。自分でアナウンサーをやってみて、先生が言ってくれていたのはこういうことかなと、のちのちに思うようになりました。

アナウンサーって不特定多数の人に評価される仕事なので。ましてや今はSNSもあるので、人前で何かを表現するって、賛否両論めちゃくちゃ浴びるじゃないですか。それを全く無視することもできないんですけど、**適度に受けつつ、でも最終的に自分の身は自分で守る**というか。そういう柔軟なタフさみたいなものが結局一番求められるし、それがないと続けられない仕事だなと思いますね。

初めましてのときは かっちりしたバッグで

このバッグはTHE ROWのものですが、A4サイズの台本とかもガバッと入って便利です。最近は初めてお会いする方との仕事が多いので、服はカジュアルでもバッグはかっちりしたものを持って、大人としてちゃんと仕事しますよという雰囲気を出すようにしています（笑）。中に入れているのは、ハンカチ2枚、サングラス、財布、手帳とポーチ3つ。大きい布のポーチにはメイク直し用の化粧品、革のポーチにはマスクや修正テープ、ストップウォッチ、小さいポーチにはラジオを聴くイヤホンが入っています。右の傘はジェーン・スーさんにいただいたものです。

こんなひと

5

女性という意識はなかったけれど

「女性アナウンサー」や「女子アナ」という存在が型にはめられて語られがちななか、彼女は自然に唯一無二の個性を発揮して、引く手あまたの存在になっていった。仕事をしていく上で、母親として、女性である自分とどう向き合ってきたのかを紐解いてみた。

女性アナウンサーに何が求められているかを意識したり、女性であることのハンデを感じたりした時期はありますか？

女子アナとか、女性アナウンサーであることを特別意識したことはなかったんですけど…。『サンデープロジェクト』の司会をしていたとき、私の発言に対してゲストの政治家や評論家の方から『30そこそこの小娘に言われたくない』みたいなことを言われたり、放送中に怒られたりしたことはありましたね。そうか小娘か、小娘という年齢ではないけど、この方々からしたらそうなんだろうな…と受け止めていて、**あんまり腹は立たなかった**ですね。

自分自身が子どもの頃からあまり女性らしくなかったというか。昔かたぎの親ではあったけれど、女の子らしくしなさいと言われたことはなくて。一方で、親戚で集まったら、父と弟はお酒の席にいて、姉と私は洗い物をしているとか、そういう昔ながらの男尊女卑的な社会にも触れてはいたんですけど。

　そんななかでも、**考えることに関しては人間みんな一緒だ**みたいな感覚が、私の親にはありました。親だから子どもだからじゃなくて、お前はお前の考えを言え、どう思っていて何が嫌なのかを徹底的にちゃんと話せ、その代わりこっちも言うぞと。**家族全員が容赦なく自分の考えをぶつける、**ぶつけていい家だったんですね。そういう家で育ったので、私も大学生になり社会人になっても、この人は肩書きがすごいからとか、この人は男性だからということで気持ちが変わることはなくて。

　たとえば、『サンデープロジェクト』で中曽根元総理にインタビューしたことがあって、元総理大臣で大変な影響力のある方でしたし、もちろん敬意を払うんですけれど、気持ちが引けるということはなかったです。**この人も赤ん坊で首がすわっていないときもあったんだろうな**と思うと、人間みんな一緒だよなと。男性も女性もおじさんもおばさんも若い子も、みんなベースは一緒じゃん、と思うところが自分のなかにあるので。

　ＡＢＣ時代のスポーツアナはほとんど男性で、女性が私だけしかいないという場面も多かったですけど、私の態度がフラットで、まあ色気がなかったというのもありますが、自分が女性だということはほとんど気にしてなかったですね。「お前と一緒に銭湯に入っても何も起こらない」「こっちもないですから」というやり取りをしていて、今は飲み友達という男の先輩もいますし。セクハラをされたという覚えもないですし…。

下ネタが得意というイメージがありますが。

　確かに下ネタといえば、ＡＢＣ時代にアシスタントを担当していた『ごきげん！ブランニュ』という深夜番組では毎回、「マイクを握ってお口でお仕事、赤江珠緒です」という挨拶をさせられていて。それもセクハラといえばセクハラかもしれませんね。自分ではそうは思っていなかったんですけど。そういうことに関してあまりに鈍感だった…鈍感すぎたんですね。

でもそういう感覚って、たぶん『まんが日本昔ばなし』とか落語とかに通じるところがあって。江戸時代の銭湯とかも、男女分けられていなくて、混浴が当たり前じゃないですか。おっぱいを見られても平気というか、子どもにお乳をあげるものですから、いやらしい目で見るほうがおかしいでしょうという、そういう世界観があるんですよね。

少し卑猥なものも、笑って見ているところが自分にはあるかもしれないですね。神社仏閣を巡るのもすごく好きなんですけど、田舎の神社とか温泉に行くと、見るからに男性の何かみたいな秘宝とか、あるじゃないですか。**こういうものもおおらかに飾ってたんですなー**と微笑ましく見てしまうところがあって。

そういうところはある意味、適当なんでしょうね。適当なタフさというか。適当ではなくちゃんと突き詰めていくと、引っかからなきゃいけないところはたぶんいっぱいあったと思うんですけど、まあいっかというか、**そんなに大したことじゃないよな**と思っていたかもしれませんね。

出産されて、母親になってからはいかがでしょう?

それが、仕事をする上では女性を意識したことがなかったのに、子どもを産んでからは、母親としての女性像みたいなものにとらわれてしまって。思っていた以上に、古い価値観のようなものが自分には染み込まれていたんだなということに気づいたんです。

私が育ったのは、父親が働いて母親が専業主婦という当時の一般的なサラリーマン家庭で、働いているお母さんもあまり周りにいなかったので、自分が子どもを産んでからイメージする母親像は、自分の母親しかなかったんです。

母親にしてきてもらったことと同じぐらいのことを、自分の子どもにもしてあげなきゃいけない、こうせねばならないみたいな思い込みが自分のなかにたくさんあって。誰かから言われたわけでもないし、期待されても、求められてもいないのに、急に自分のなかにある女性像、母親像に振り回されるみたいなところがすごくありました。そういう自分がいることは、新たな発見でしたね。

こんなひと 6

100%をめぐる葛藤

100%でやりたい、100%の存在――話を聞いていくなかで時折出てきた、100%という言葉。その呪縛にとらわれていた自分に、母になってから気づいたという。100%をめぐって自問自答した日々を振り返り、自身の考えがどんどん変化していることを、彼女は面白いと感じている。

仕事と子育ての両立に悩んだ結果、『たまむすび』卒業という決断をされたのですよね。

はい。1年間の産休・育休を経て『たまむすび』に復帰した当初は、かつてテレビとラジオで帯番組を2つやっていた頃に比べればラクなんじゃないかと思っていたんですけど…。帯が2つのときは1と1を足して2という感覚でしたが、復帰後は、帯のラジオの仕事1に対して子育てが5くらいの大変さで、合計6くらいの仕事をしているような、こっちのほうが大変じゃんという日々になってしまって。42歳での高齢出産だったこともあり、体へのダメージも大きく、免疫も落ちてしまい、2年くらい病院に通わないとまともにスタジオに行けないような日々が続いてました。

体調の悪いなか、仕事でも子育てでもやらなければならないと思っていることがたくさんあって追い込まれたり、今までだったら仕事のことだけを考えて、オンエア以外で仕事のために使う時間がたっぷりあったのに、それが全然なくなってしまったので、自分のなかでは中途半端な状態で仕事に向かっているような負い目を感じていました。「100％頑張らなくても、7割8割でいいんだよ」と、周囲からはよく言われましたが、いや**仕事に関しては100％でやりたい**という欲がすごくあって。

それまでは、結果がどうであれ100％フルの力を注いでずっとやってきたので、そうできないことが何か違うなと思っていて、いろいろ葛藤があり、もがいているような感じがありましたね。

ただ、やっているうちに自分なりに折り合える部分を見つけたり、いろんな人に助けてもらったり、曜日ごとのパートナーの人たちに頼ってよと言われて実際すごく頼らせていただいたり。それまではできなかった、**人に甘える**ということがだんだんできるようになって、自分の変化だなとは感じるようになりました。100％というのは難しいけれど、仕事も子育てもだいぶ軌道に乗ってやってきているなという感じではあったのですが…。

人生のいろんな場面で、優先順位をつけるって難しいじゃないですか。『たまむすび』に関しては思い入れもあったし、愛着もあったし、すごく大事な場所でした。だからこそ、ラジオと子育てとの優先順位をつけてやれと言われても本当に難しくて、2年か3年くらいずっと悩んでいたと思います。悩んでいる間は結論が出ていないということなので、弓をグーッと引いて引いて、**自然に矢が放たれるまで悩み切った**という感じです。

最終的に『たまむすび』をやめて子育てを優先しようと思えたときには、親に昔から言われていた**「今しかできないことをやれ」**という言葉を思い出したんですよね。たとえば、高校生くらいのときにお化粧したいと親に言ったら、「そのうち嫌でも化粧しないといけない時期が来るんだから、今しかすっぴんでいられないぞ」と言われたり、勉強したくないと言ったら、「勉強だけして許される時期なんて今しかないぞ」とか、折に触れて言われていまして。言われた当時はピンと来ていなかったんですけど、今回のことを悩んでいたときに、ふと、そうだよなと。ラジオの仕事も子育ても私にとっては比べられないくらい大事だけど、幼少期の娘としっかり一緒に過ごすということは今しかできない、だったら断然こっちだよなと思えたんですよね。

『たまむすび』を卒業されてから、娘さんとの時間はいかがですか？

おかげさまで娘と過ごす時間は圧倒的に多くなりまして。それまでは『たまむすび』の生放送が3時半に終わってから、4時くらいに幼稚園へ迎えに行ったり、シッターさんに迎えに行ってもらったりしていたんですけど、今は2時半には迎えに行くので、そのリズムに慣れないところもありますが、一緒にいる時間はすごく増えました。

そうなってから、娘がびっくりするくらい変わりまして。今6歳なんですが、これまでは私も夫も祝日でも仕事があったりしたので、そういう日には何がなんでも園に行かなければならないと娘は悟っていて、聞き分けのいい、大人びた感じの子だったんです。自分が子どもの頃は全然そうではなかったので、それはそれでちょっと心配だったのですが、私と一緒に過ごす時間が増えたことで、感情をわーっと出すようになって。いいのか悪いのかはわからないんですが、本人はすごく喜んでいるので、よかったなとは思っています。

子育てをするなかで、自分自身の考え方もいろいろ変化しているので、面白いですね。

どんな変化を感じていますか？

子どもを産むまでは、仕事は自分が頑張ればなんとかなる、自分のことは自分で頑張ればなんとかなるという感じでしたが、子どもは自分が頑張ってもなんともならないというのが、今まで味わったことのなかった感覚で。仕事と違って、自分の努力がそのまま結果に直結しないということを実感しました。

でも、娘には――彼女には彼女の個性があって、それは**私のものではなく彼女自身のもの**なんだということを、もっと理解しないといけないなと思っています。自分も頑張っているけど、彼女自身がすごく頑張っているなと気づいたときに、彼女の頑張る力をもっと信じてあげないといけなかったんだなと感じましたね。

子育てをするなかで、思うところや小さい発見は日々たくさんあって、例のノートに書いていたりするんですけど、一番大きい発見は、子どもにこうあってほしいという自分の気持ちについてですかね。

生まれたばかりのときは、健康であればいいとか、元気に育ってくれればいいというだけの希望だったのが、3歳、4歳くらいになると、もっとハキハキ発言できたほうがいいんじゃないかとか、もっと運動ができたほうがいいんじゃないかとか、他の子と比べて大丈夫かとか、そういう感情が湧いてくるようになってしまって。

親なので、子どもにはできるだけ幸せになってほしいと思うから、彼女の成長の障壁にならないように、助けになるようにと、前もっていろいろ環境を整えようとするんですけど…。でもその行為の背景には、これができるようになったほうがいいといった親としての希望があって、それって今のその子の状態に満足していない、**ダメ出ししているということになってしまうのでは**、と気づいたんですよね。

自分の子どもを立派な大人に育てなければいけないという責任感は、親の皆さんにはあるのが当たり前だと思います。人間として足りていないことがだんだんできるようになって、大人になって100％の人間になるというイメージを持っていました。でも、そうじゃないなと。もちろん小さい子どもなんて何もかもが未熟ですけど、でも未熟なりにこの子はもう100％だと、**生まれたときから100％じゃんと。**小さい体が大きくなっていく過程はあるけれど、ずっと100は100だなと。そういうことに気づいたのが2年くらい前ですかね。

今もまだまだ試行錯誤していますが、子どもが生まれたことで、そんなふうに自分の考え方も、世の中の見え方も変わって、発見はめちゃくちゃあります。以前は、仕事で自分の成長を感じられることが面白かったんですけど、今は子育てが発見と冒険の連続で。自分自身が子どもを産む前とは全然違う感覚になっているのが楽しいなと思っています。

こんなひと

7 まだまだ自分に飽きてない

「迂闊《うかつ》なんですよ」と自身を評する発言がたびたび出てくるなか、迂闊な自分を笑い飛ばせる客観性がある。まだまだ自分に飽きていない、世の中にはまだ自分が知らない面白いことがたくさんある。毎日、面白さを発見せずにはいられない、彼女はそんな人なのだ。

11年間続いた『たまむすび』は大人気番組になりましたが、振り返っていかがですか？

最初、TBSラジオからいただいたのは、土日のどちらかに放送される番組のオファーでした。当時はテレビ朝日の『スーパーモーニング』の司会をしていた時期で、月から金の帯番組をやって、週末もラジオをやるのはさすがにきついと思ってお断りしたんです。

その3年後くらいに再びTBSラジオから、今度は平日午後の帯の枠でのメインパーソナリティということでオファーをいただいて。そのときは『モーニングバード』の担当で、羽鳥慎一さんがメインの番組だったので以前ほどの負荷はなく、ラジオはずっとやりたかったので、**これはどうしてもやりたいと本能的に思った**んですよね。

「帯を2つやるなんて、みのもんたさんじゃあるまいし」と親にも家族にも反対されたんですけど、いずれラジオ1本にするからと言って、引き受けさせてもらったんです。結局1本になるまで3年半かかりましたが。

当時のTBSラジオは、ラジオ業界のなかで聴取率トップみたいな横綱級の番組がひしめいていたんです。そんななかで始まる新番組の担当として、私がポンと入るということを実感し始めると、**とんでもない重責を担ってしまったな**と思いましたね。

それまではニュース番組の司会として自分の意見を言うということはありましたけど、自分のプライベートの話をするなんてほとんどなかったんです。ゲストの話を引き出すことのほうがメインの仕事だったので。

でも蓋を開けたら、『たまむすび』は「うちで猫飼い始めてさ」みたいな話をしなければならない番組で。最初はすごく戸惑いがあって、**自分のこんな話が世の中に必要なのか**、何の需要があるんだとか、そういう葛藤とか迷いがあり、正解がわからなかったです。

続けているうちに、なんとなく需要が見えてきて、そっちの方向に走っていくという感じでした。各曜日のパートナーやスタッフの皆さんが忍耐強く、容赦なく引っ張っていってくれて。**泳げないのに足のつかないプールに投げ込まれる**みたいな荒療治で、溺れるーとバタバタしているうちに、あ、浮いた、あ、泳げた、みたいな感覚になり。ちょっと楽しくなってきたなと思えたら、リスナーの皆さんも同じように楽しんでくださっている様子が見えてきて、これでいいのかなと、徐々に徐々につかんでいった感じです。

やめる半年前に**『たまむすび in 武道館』**というイベントができて。平日の夜にあんなにたくさんのリスナーさんが武道館に集まってくださったのは事実として間違いないのですが…。その事実を目の前にして、じゃあ何がよかったのかというのは、自分のなかではいまいちわかっていないんですよね。

赤江さんのかざらない人柄に
リスナーさんが惹かれていた部分は
大きかったと思います。

そうなんですかね…。やめるということが決まったとき、ものすごくたくさんのお便りをいただいて。テレビをやっているときもファンレターのようなものをいただいてはいたんですけど、『たまむすび』をやめるときのお手紙は、**内容の濃さが全然違っていて**驚きました。

一通一通、何枚にもわたってお手紙を書いてくださって。赤江さんのこんなところが好きでしたというよりも、ご自身のバックボーンを語ってくださる内容がとても多くて。就職がうまくいかなかったときに心の支えにしていたとか、妊娠や子育てで孤立していたときに聴き始めてとか、介護をしているなかでの楽しみだったとか、それぞれの暮らしの状況を細かく書いてくださって。**自分自身はこういう人間なんです**ということを伝えてくださる手紙ばかりで、その重みみたいなものをすごく感じたときに…。

正解がわからないなかで、わからないなりに、自分のありったけのものを惜しみなく出すしかないと思っていて、**持っているだけの引き出しを開けようと、ずっともがいていたん**ですけど、その思いは伝わっていたのかなと思えました。私が自分のことをさらけ出したように、リスナーさんも自分のことを聞いてくださいという気持ちを伝えてくださって。思いを込めた分、たくさんの思いの込もったものが返ってきたので、やった分だけ何かが返ってくるんだなと思いました。

さらけ出すといっても、自分というものを何もかも全部見せているかというとそうではないですけど、『たまむすび』で見せていた自分が一番、素に近いのは間違いないと思います。素の自分といってもいろんな自分があって、リスナーの皆さんに極力楽しい時間を過ごしてほしいという思い

アクセサリーは
不思議なフォルム、
あるいは真珠

ちょっと変な、不思議な感じのアクセサリーが好きです。テナガザルやクラゲなどの生き物シリーズに、ハクション大魔王の壺みたいと言われるペンダント。真珠は、珠緒という名前の由来でもあるのでよく着けています。気品があって丸い真珠を緒でつないでいって、艶やかな人生を織りなしていけるように、という意味を込めて名づけてくれたようです。

があったので、自分のなかでもいつも以上にテンションを上げて、明るい感情を出して表現していました。もっともっと違う自分もいると思いますけど、間違いなく**私のなかの明るい感情を全部出そう**と思ってやっていましたね。

お話ししていると、『たまむすび』のイメージよりも落ち着いた印象があります。

そうですか。基本的にそんなにはしゃいで生きている感じではないので…。『たまむすび』ではなぜあんなにポンコツと言われたり、みんなが私のことを面白がってくれたんだろうというのは自分のなかでも正直よくわかってないところはあったんです。ただ、確かにすごくおっちょこちょいというか、迂闊なところがあって。

最近も、娘の誕生日プレゼントをデパートへ一緒に買いに行ったら、目的のものがなくてどうしようかという話になり。催事場のようなところで子どもが乗れる木馬みたいなものが売っていて、遊ばせてもらったところ、楽しそうだし、私も馬が欲しかったので、じゃあそれにしなよと勢いで買ってしまって…。実際に家に置いたら狭い部屋に対して大きすぎる木馬で、こんな大きいの置いてどうするんだと。そんなふうに詰めが甘いんですけど、**まいっかとヘラヘラしている**ところがあるんですよね。追い込まれたりすると、何かおかしな行動を取っているみたいで周囲に笑われたりして。家族とか近しい人たちからも信用がないので、たぶんそうなんだろうなと、最終的に皮をむくとポンコツなんだと思います。

『たまむすび』では10年くらいポンコツポンコツと言われてましたけど、なんとも思ってないというか、**自分でも言い得て妙と思ってる**ぐらいで。毎週私の失敗をネタにして突っ込む「おばあちゃんのつぶやき」というコーナーでエナおばあちゃんの声を担当してくださった下川江那さんも、毎回こんなひどいこと言ってごめんなさいねと言ってくださったり、優しいリスナーさんにもあんなに責められて大丈夫かみたいに心配されていたんですけど、全くなんともなくて。親にも容赦なく怒られていたんで耐性がついているというか。

小さい頃からよく怒られていた？

生まれたときはすごく神経質な子だったみたいで。姉と弟のきょうだい3人のなかで1人だけ、車の中では寝れないと言ったりして、繊細で感受性の強い子だったらしいのですが、幼稚園、小学校くらいのときには、とにかく**悪いことをして怒られまくって**いました。

高知市に住んでいたとき、庭の門のところにある来客用のインターホンに興味津々で。弟とお留守番をしているとき、家の中のインターホンから「ここからしゃべったら外に声が聞こえるんだよ」と言って、ずっと歌ったりしゃべったりして、それが全部外に漏れている…というところを親に見つかってめちゃくちゃ怒られたり。家の中でシャボン玉をたくさん飛ばしたり、2階の屋根に干してある布団に寝てそのまま落ちたり、いろんなことをして怒られてる子どもだったんで…。好奇心が強かったんでしょうね。

きょうだいのなかで私だけがいらんことしいだったので、怒られる回数が圧倒的に多かったんです。今でも覚えていますが、小学校1年生のとき、珍しく母親と2人だけで自転車でどこかへ移動していたんですね。母親が前に乗って、私が後ろに乗っているときに、「嫌いなの？　お母さん、私のことだけ嫌いなの？」と泣きながら言ったことがあるんです。たぶんそれぐらい私だけが怒られていたからですね。そのときに母親は、「あんたのことが大好きだから、大人になったときに家族じゃない人たちからもちゃんと認めてもらえるように言ってるんだよ」と。自転車の後ろに乗って、泣きながら母親にしがみついて、高知市の街中を移動した光景をよく覚えています。

親を含む大人に何回も何回も怒られて、何回も何回も恥をかいているから…**サザエさんのカツオ**みたいな感じで、怒られてもあんまりこたえてない子どもになっていった気がしますね。親も愛情がないと怒らないんだと、怒りながら言うので、そうか怒るほうも大変だよなと。

大人になってもたまにちょっとしたことを叱ってくれる先輩がいて、うわー、いまだにこんなこと言われて恥ずかしいと思いますけど、注意するのもエネルギーがいることなのに、よく言ってくれたな、ありがたいなと思いますね。

怒られる恥ずかしさよりも、
好奇心のほうが強かったんですね。

好奇心はずっとありますね。**好奇心の泉**みたいなものが枯れたことは、これまでに1回もなくて。仕事をしていても、結婚しても、子どもが産まれても。女性だとライフスタイルやステージが変わると付き合う人も変わるから、自分の関心も変わっちゃうんじゃないかなと思っていたんですけど、意外と何も変わらない。子どもの頃から何も変わらない自分がいて、**ずっとワクワクしてる**っていうのはあります。

今、子育てに付随してやっていることがすごく新鮮で。たとえば…自分はずっと髪がショートで、三つ編みすらほとんどしたことがなかったんですけど。子どもが今、髪が長いんで、子ども用の編み込みの本とかを買ってみて、へえーカールってこうやるんだ、ロール巻きしてる人ってドライヤーでこう巻いて3秒ぐらい持って冷やしてるんだ、それであんなにみんなきれいにウェーブできてるんだ、とかいうことを50歳前にして知るという。裏編み込みのやり方もＹｏｕＴｕｂｅで見て、すごい簡単にやってるけど、自分でやろうとすると手が動かない、と実感したり。

経験してみたら面白いこともあるし、いろんなことが新鮮だし、自分もまだまだやっていないことがいっぱいあるなと思って。たとえば海外に住んでみるとか、車にバンバン乗れるようになってみるとか、馬に乗れるようになるとか。やりたいことはいっぱいあります。

自分ってこうだったかーと思うことも毎日、面白いですよ。自分が迂闊だからこそ、ラジオではそれをエピソードとしてしゃべっていましたが、ラジオをやめてからも、自分で自分のことが信用できなかったり、こんなことしちゃうんだ、ほんと馬鹿だなってことがめちゃくちゃあるので。いろいろ発見もあるし、そういう意味では、**飽きてないですね自分に。**

こないだも…帯の番組をやっている間は人間ドックに全然行けていなかったので、7~8年ぶりに結構なボリュームの検査を申し込んだんです。すると問診票やキットが送られてきて、前日は夜9時以降はごはんを食べちゃいけないとか注意事項が書いてあって、バーッと読んで、はいはいわかったと、前日にまた見ればいいやとそのまま置いておいたんですよ。

前日の夜に、そうだそうだ明日、人間ドックだと、資料を見たら検便を2回しなきゃいけないということに気がついて。もう夜なので、2回！　無理じゃんどうしよう、1回分を2回にするか？　いやでもズルしたら何のためにこんないい人間ドックを申し込んだかわかんないから、もう明日はダメだと、延期することにして。

そういうときは、
自分にがっかりするというよりも…。

笑っちゃう感じですね。またやってんな、みたいな。わー、勉強になった、そっか大人の人間ドックの検便って2回やるんだ、と。子どもの頃の検便の記憶で止まってて、検便は当日の朝に1回だよねと思ってたんで。これも50歳前にして知るみたいな、そういうことはめちゃくちゃいっぱいあります。

日常でも仕事でも、面白いという感覚を大事にしている？

そうですね。仕事に限らず、自分がそのときやりたいこと、面白いと思うことはやっていきたいです。仕事はあくまでも人生のなかの要素の1つで、**人生全体が面白くあってほしい**から。仕事を突き詰めることが面白くて、仕事しかしていない時期もあったので、それがすごく面白いときは全力でやるし、またやりたくなったら一生懸命やればいいですし。

　日々、世界は広いなって思います。世界っていうのは、いろんな国があるという意味の世界だけでなく、たとえば虫を見るだけでも世界の広さを感じられて。虫の目線で公園を見たら、この木がめっちゃ巨大に見えるなとか。東京は夜でもセミが鳴くんだ、やっぱり眠らない街、東京ではセミは夜も眠らないんだとか、そういうことを発見するだけで面白かったり。

　ママ友との友達関係でも発見があります。よくワンちゃんを飼ってる人同士がワンちゃんを通じて友達ができるって言うんですけど、ママ友も一緒だなと思って。子どもも犬も一緒にしちゃ悪いけど、同い年の子を持つお母さんとは話題が尽きないので、こういうことかと。犬を飼ったことはないけど、いずれ1回飼ってみたいというのが人生の夢でもあり、私はたぶんワンちゃんを飼ってる人たちの楽しさとか喜びをまだ知らないんだろうなと。そういう意味で、**私の知らない楽しさとか面白さって、人生にまだまだあるんだろうな**と思いますね。

　どうせ生きるなら、いろいろ経験して、自分の人生面白かったなって死ぬのが一番いいなって思います。

赤江珠緒
一問一答

Q 自分の好きなところは？

A どこか適当なところ

自分では考えているつもりだけど、最終的には詰めが甘かったりして、どこか抜けているところ。失敗を繰り返した結果、耐性がついて、自分で自分を笑えるようになって、そういうところは飽きなくていいですね。

Q 苦手なものは？

A 機械や人工物

パソコンが苦手ですし、電磁波を発するものとか、高層ビルとか、人工物に囲まれていると疲れちゃいますね。

Q 自分にとって恥ずかしいなと思うことは？

A 当たり前のことを当たり前に言うこと

たとえば「お父さんお母さん大好きです、尊敬しています」とか、そういうことを言うのが恥ずかしいです。

Q 心からリラックスしたいときの娯楽は？

A 温泉

東京に来てから、日本中に温泉がいっぱいあるということを知って。おそらく日本のすべての県の温泉には行っていますね。あとは日帰りで近くの銭湯へ入りに行ったり。とにかく大きいお風呂に入る、大浴場でぼーっとするのが一番リラックスする時間です。

Q 性別を問わず かっこいいと 思う人は？

A 欲している もの、ことが わかっている人

Q 自分の好きな曲、テーマソング みたいなものを 挙げるとしたら？

A カールのCMソング

歌詞まではちゃんと覚えていないんですけど、「チャララッチャラ　チャラララチャラ〜」というサビのフレーズを歌うと、だいたいのことはどうでもよくなります。

Q ひとりでこれを しているのが好き、という時間は？

A 車窓から景色を眺める

電車に乗って車窓から外を眺めるのは好きです。あと、ちょっとした木漏れ日が差しているところとか、自然の風景をぼーっと見ているのも。本を読んでいる時間も好きです。

Q 自分のなかで こだわっていることと、どうでもいいことは？

A 人間関係には ムラがあります

こだわっているところと、そうでないところの差があるのが人間関係ですね。すごく恩義を感じている人に対しては、一度関係が途切れても縁をつないでいきたいと思っていて、嬉しかったこと、ありがたかったことを時間がたっても表現したいなと思っています。一方で、子どもの頃に転勤族で、縁がプチプチ切れていくのにも慣れているので、人間関係にあまり執着しないという面もあります。

*

かざらないひと

2

*

かざらないひと2

タサン志麻

「納得」を大事にするひと

タサン志麻

家政婦、料理人。1979年山口県生まれ。大阪の辻調理師専門学校、辻調グループ フランス校卒業。同校の研修でフランスの三つ星レストランで修業後、料理人として日本の老舗フレンチレストランとビストロに15年間勤める。2015年にフランス人の夫・ロマン氏と結婚し、フリーランスの家政婦としての仕事を開始。家庭にある食材を使って3時間で10品以上を作る腕が評判となり、『沸騰ワード10』(日本テレビ系)で「予約の取れない伝説の家政婦」として紹介される。以来定期的に同番組に出演し、即興で考案したレシピで絶品料理を作り、反響を得ている。『きょうの料理』(NHK)にも出演するほか、レシピ本も多数出版。現在、主夫として家庭を支えるロマン氏とともに、2男1女を育てる。

「納得」を大事にするひと

タサン志麻

冷蔵庫の中にある食材で10品以上の絶品料理を作る「伝説の家政婦」としてテレビ番組に登場したことを機に、「志麻さんの料理を食べてみたい」という幅広い層から絶大な支持を得ている彼女。メディア出演やレシピ本のオファーが絶えない状態でありながら、「料理研究家ではなく、家政婦という立場でありたい」いうスタンスは一貫しており、地に足が着いた印象を感じさせる。

フランス料理とフランスの文化が大好き。レストランで食べるような気構えてしまう料理ではなく、フランスの家庭料理、田舎料理の良さと、のんびりと食事を楽しむフランスの食習慣の素晴らしさを多くの人に伝えたい――その思いを、今でこそ体現できていると自負するが、30代半ばまでは「自分はどこへ向かっていけばいいのか」と悩み、苦しみ続けていた。誰かに道を示されても「それは、なんか違うんです」を繰り返したのは、自分が納得感を持てないと前に進めなかったから。他の誰とも似ていない彼女ならではの生き方と仕事のスタイルにつながった、自身と向き合い続けた日々と今の思いを語ってもらった。

こんなひと 1

自分の思いをうまく言葉にできなかった

人と同じことをするのが嫌いな一方で、心に秘めている強い思いをうまく言葉にできずに悩んだ日々。自然豊かな環境で育ちながらも、社会に漂う圧のようなものを感じていた。長い間、不器用にしか生きられなかったという彼女を支えていたのは、大好きな料理への情熱だった。

小さい頃はどんな子どもでしたか？

私自身は結構、根暗だと思っていたんですけど、周りの人の思い出話なんかを聞くと、いつも明るかったねと言われることが多いです。自分では、あまり思ったことも口に出せないし、**ため込むタイプ**だったと思っていて――それは家族に対してもそうだったんですけど、外から見たら明るい印象だったのかもしれないですね。

山口県の長門市で生まれ育ったのですが、田舎なので、とにかく外で走り回って遊んでいましたね。山もあるし、海も近いし。山の中に入って植物を採ったり虫を捕ったり、1日中、外で遊んでいました。

どちらかというと男の子と遊ぶほうが多かったんじゃないかな。私、小さい頃から常にショートカットで全然女子っぽくなかったし、女子が好きな遊びよりも、男子と一緒に男の子っぽい遊びをするのが好きでしたね。戦いごっことか、川に入ってザリガニを捕ったりとか。

料理は、
幼い頃からしていたそうですね。

はい、母と一緒に料理はしていましたね。私が2歳のときから包丁を持たせてくれて。ただ、2歳年上の姉のほうがなんでも上手にできたので、比べられるのが嫌だったんです。2人で料理のお手伝いをするのは嫌で、私1人だけのときに何か作ったり、友達と一緒にお菓子を作るとかのほうが多かったかもしれません。

負けず嫌いというよりも、**人と比べられるということ自体が嫌**で。個人主義というか、個性をつぶされたくないと思っていたんです。私は私、みたいな思いが昔からあったので、「きょうだいだからって同じじゃないんだから比べないで」っていう気持ちはずっとありました。でも、きょうだいって先生や親戚や家族にどうしても比べられるじゃないですか。私が大人になってフランス人に惹かれたのは、フランス人が、きょうだいでさえも個人は個人だよねという考え方をする、そこがすごく好きだなと思ったからかもしれないですね。

だから、誰かのまねをするのもすごく嫌いでした。小学生のときに音楽クラブに入っていて、女の子が他にいないというだけでトランペットを選択したりしていましたね。女の子だからこれ、みたいな**決まりきった考え方が嫌だった**んです。

絵を描くのも好きだったんですけど、図工の時間に何かを描くというときに、みんなは引きの構図で描いているものを、私は寄りで描いたりするようなタイプで。そういう絵を先生が絵画コンクールに出してくれたこともありました。

あとは当時、住んでいるところがすごく田舎だったから、高校の頃は、他に持っている人がいなかった無印良品の自転車に乗っていたりもしました。1人で下関まで買いに行って、自分で送る手配をして。人が持っていないものを持ったり、人がやらないことをするのが好きでしたね。

とにかく人と同じは嫌だったんです。特に学校って、みんな同じように行動するみたいなところがあるので、すごく嫌いでした。かといって、大きく流れに逆らうヤンキーみたいな感じにはなりたくなかったんですけど…。小さいところで、**流れに逆らいたいな**とは思っていましたね。

高校のときは自分で料理のクラブを作ったのですよね。

食物クラブですね。最初はバスケ部のマネージャーをやっていたんですけど、それが好きになれなくて。うちは両親ともバレーボール部の元キャプテンだったので、その影響で小学校のときは姉妹ともバレーボール部だったんです。中学校では、背の高い姉がバスケ部に入り、誘われて私も入ったんですけど、運動音痴だったこともあり、合わないなと思いながら3年間やっていたんです。高校に入って、バスケは選手としては才能がないから無理だけどマネージャーだったらと思ってやってみたんですけど、やっぱりつまらなくて、すぐやめたんです。でも、何もやることがないのは嫌だから、料理で何かできないかなと思って、友達を誘って、**こういうクラブを作りたいって先生に掛け合ったら**、いいよって言ってくれて。

その頃から家でもよく料理をしていて、高校時代は家族の分のお弁当を作ったりしていました。両親が共働きで昼間は家にいなかったので、土曜日とか、作れるときはごはんを作っていたし、小学生の頃から友達と遊びの一環で、今日は肉じゃが作ろうとか決めて作ったりもしていたので。

レシピはたぶん本で見て作っていたんでしょうね。うちは母が料理好きで、料理の本はすごくたくさんあったんです。母は普段の家族の食事でも新しいものに挑戦するのが好きな人で、レシピ本を買って今日はこれ作ろう明日はあれ作ろう、みたいな感じだったので、レシピは常に家にあふれていました。ただ、私が作るときは全部レシピ通りではなく、ちょっとアレンジしたりもしていたと思います。面倒くさがり屋なので、分量をきっちり量ったりもしていませんでした。

当時、自身のアイデンティティや人間関係で悩んだりしたことは？

ありましたね。友達同士の喧嘩で泣いたり悩んだり、そういう小さいことはいっぱいありました。自分が強すぎちゃって、でも強い割には言いたいことを言えない、思いを口に出せない性格だったから、気持ちをため込んで悩むという面は昔からありましたね。

主張が強いというよりも、**自分はこうしたいという思いがはっきりしていた**んです。自分はこうありたいとか、こう考えているという気持ちがあって、でも、周りの人が違うことを言ってきたときに言い返せない――私はこう思ってるんですって言うのが下手で、ちゃんと言葉にすることができない、そういうことでよく悩んでました。

子どもに限らず大人の世界でも、日本の社会ってどうしても上から何かを押しつけられる面があるじゃないですか。自由に何かを言うことを、言う前に圧をかけられちゃって。だから私もちょっと強い人とか大人の前だと、怖いって思っちゃって、言いたいことを言えなかったんです。

でも、その後、触れるようになったフランスの社会は全くそうじゃなかったんですよね。すごく目上の人、年上の人でも意見を聞いてくれて、それは違うってはねのけないで、そうだよねって言ってくれるのがすごくいいなと思って。私、フランスに生まれてたら、きっと性格が変わっていたかもしれないと思うくらい、もっと生きやすかっただろうなと思います。

世の中のせいにするわけではないけど、当時は日本の社会の圧みたいなものを感じ取っちゃってたんですよね。こうしなきゃいけないんだ、上の人の言うことをちゃんと聞かないといけないんだ、と…。大人になって他の世界を知ってからは、私の育った環境がこういう社会じゃなかったらよかったのになって思いました。自分の子どもたちにはそういう圧をかけるような態度で接しないようにしなきゃいけないなと思っています。

親元を離れるまでは何をするにも自由にはできないので、それまではずっと**本来の自分は封じ込めていた**というか、自分の気持ちに蓋まではしてないけど、言えなくてもどかしい感じでした。社会人になってからも、レストランの厨房という縦社会の現場で働いていたので、自分をうまく出せないという面はありました。

ただ、誰にも邪魔されずに、好きな料理の勉強ができて、**好きなことだけを追いかける**ということはできていたので、そこはすごく楽しいなという感覚を持っていましたね。

こんなひと

2

不器用だからこそ誰よりも努力した

目標もなく大学へ行くのは嫌で、調理師専門学校へ行くことを、早くから決めていた。幼い頃から自分は不器用だというコンプレックスはあったけれど、努力だけは誰にも負けないという思いで料理を学んだ——目を輝かせながら料理の勉強に打ち込んだ日々を振り返ってもらった。

大阪の辻調理師専門学校に行くことは早くから決めていたのですか？

決めてました。早く手に職をつけて親元を離れたいと思っていたので、高校も商業高校に行くか普通高校に行くか迷ったんです。でも商業高校といってもどの専門分野に向かいたいかわからなかったので、とりあえず普通の進学校を目指そうと。そうしたらギリギリ合格したので入学して。

でも大学に行く気は全くなかったんですよね。大学の4年間って結構長いじゃないですか。何かそこで学びたいものがあるなら別ですけど、目標もないまま行って、ただ遊ぶだけみたいな感じは嫌だなと思ってて。そもそも勉強は好きじゃなかったですし。

みんなが受験に向かっていくという進学校の流れに逆らいたい気持ちもあって、専門学校に行こうと思ったのかもしれないですね。もともと料理は好きだったし、何か好きなことをしたいというのはベーシックに思っていたので、別に大学受験しなくてもいいのかなって思って、割と早い時期に決めましたね。

私のその選択を、特に父は応援してくれていました。17歳のとき、高校で立志の集いというイベントがあって、父から手紙をもらったんです。その手紙に——自分は農家の家に生まれて、お金もなかったから大学は国立の農業科に行くしか選択肢がなかった、でも子どもたちには好きなことをやってほしいから、それを応援するって書いてあって。すごく嬉しかったんですよ。今考えると、そういう言葉の影響もあって、好きなことを選ぼうと思えたのかもしれないですね。

どんな道を選択しても、たぶん応援してくれるだろうなと思えたので。だから調理師学校に行きたいと言ったときも全く反対はされなかったですね。きっと学費が高いとは感じてたと思うんですけど、高いなあって冗談ぽく言いつつ、それが理由で行かせられないと言うこともなかったし。頑張れよって感じで応援はしてくれました。

調理師学校時代に、初めてフランスへ行ったのですよね。

そうです。大阪の辻調理師専門学校は1年で卒業する人が多いんですけど、2年目のコースとして西洋料理とか和食とか製菓とかいろいろ専門分野があって、その1つとしてフランス料理が学べるフランス校に行くという選択肢があったんです。1年目からもう**フランス料理の魅力にどっぷりはまってた**ので、もうフランス校に行くしかないと思っていました。

でもやっぱりお金もすごくかかるし、どうかな、でも言うだけ言ってみようと思って親に言ったら、いいよって言ってくれて。それで、2年目にフランス校へ行きました。学校で5カ月間学んでから、5カ月間は現地のレストランで研修を受けるというプログラムでした。

大阪の学校へ通っていたときから、毎日料理の勉強ができるのがすごく楽しかったんです。朝早く家を出て、いい席を取って、目をキラキラさせながら授業を受けていましたね。皆勤賞をもらったくらい熱心に勉強しましたけど、やっぱりフランス校時代のほうが経験としては凝縮されていて。国が違うし、材料が違うし、先生も違うし、すごく楽しい、濃い1年間でしたね。

ただ、技術的には不器用だったので、調理師学校に入ったときからコンプレックスは感じていました。小さい頃から、姉は器用で、私は不器用、という認識が自分でもできちゃっていたんですよね。フランス校は、大阪の学校よりも調理師としてさらに上を目指している人が集まるところだから、やっぱり引け目は感じました。

でも、好きで選んでることだから、**できなければ頑張ればいい**と思って。不器用だけど、うまくできないけれど、努力だけは誰にも負けないようにしようと思っていました。

どんな努力をされていたのでしょう？

朝から夜まで1日中、授業や演習があるなかで、夜のわずかな時間に欠かさず予習復習をして。現地では寮の4人部屋に住んでいたんですけど、覚えないといけない単語を書いた紙をシャワー室の壁に貼って、それを覚えながらシャワーを浴び…。ちょっとでも時間があったら何かを調べて、紙のフランス語の辞書を開いて片っ端から単語を覚えて…というのをずっとやっていましたね。

技術的な練習、たとえばシャトー剥きっていう、野菜のきれいな剥き方とかを練習している人たちもいて、そういうのはたぶんコンプレックスがあったから、あまり参加しなかったんですけど…。とにかく知識や言葉を頭に入れて、手順を復習することを頑張っていました。

学校でもレストランの厨房と同じように料理を

作ってサーブするので、サービスが始まると頭が真っ白になって覚えていたことが飛んじゃうんです。そうならないように、これをやった後にこれをする、これはなぜこうするのか、というのをちゃんと予習しておいて。サービスが終わったらその夜に、なんで上手にできなかったか、何がいけなかったか、そうならないためにはどうしたらいいかっていうのを考えてメモをして。

毎日毎日、そういう作業の繰り返しでした。でもそれが苦しいと思ったことはないんですよ、好きだから。勉強が苦しいと思ったことは一度もなくて、自分ができないのが悔しいっていう、ただそれだけでしたね。

こんなひと 3

心が動く就職先を探し続けた

調理師学校のフランス校を卒業後、長い時間をかけて就職先を選んだときの基準は、自分が惚れ込める店かどうか。心から働きたいと思える店で働き始めてからは、「ラクをしていてはいけない」という思いに駆られ、朝から晩まで料理のことを貪欲に吸収する日々を送った。

フランス校を卒業後、日本で一からレストランを探したのですよね。

はい。2月の終わりに帰国し、山口の実家に荷物を置きに行ってから東京に出てきて、友達の家に居候させてもらいながら就職活動を始めました。周りはどんどん就職先が決まっていったのですが、私は自分が働きたいと思えるお店が全くなくて。ガイドブックで調べたり、気になるお店へ食べに行ったり、学校に募集が来ているお店を調べたりするんですけど…。どのお店も、**なんか違う**、と思ってしまうんですよ。自分が思っていたフランス料理と、なんか違うなって。

私、どこに就職したらいいんだろうってすごく焦っちゃって。居候させてもらっていた友達も就職が決まって、朝早く家を出て夜遅く帰ってくるという生活をしているなか、私はといえばフリーターですよね。バイトはしていたけど就職ではないので。その友達にも出て行ってほしいと頼まれてしまい、バイト先の知り合いのつてで、なんとか住むところは確保できたんですけど。

　バイトのお給料で気になるお店を食べ歩いたりしていても、本当に見つからなくて。何軒かは面接にも行きましたけど、ここで働きたいなと思えるところはなくて…。そんなとき、面接に行ったあるお店のシェフが、うちはダメだけどここに行ったらいいよって言ってくれたレストランがあったんです。今から電話してあげるから行っておいでと言ってくれて。

　そこは名店と言われている老舗のレストランで、初めて会ったシェフとすごくいろんな話をしたんです。内容はあまり覚えていないんですけど、私が、**フランス料理のこういうところが好きなんです、こういうことが勉強したいんです、こういう料理が好きなんです**…と、すごく熱く語ったんですよ。そうしたら、じゃあうちの料理食べてみるかって言われて。もちろん私も食べてみないとここで働きたいかどうかわからないと思っていたので、別の日に改めてランチを食べに行ったんです。

　そこで出てきた料理を食べた瞬間に、ものすごく感動したんですよ。これぞフランス料理という力強い料理で、このお店で働きたいって初めて思えたんですね。しかも、私がランチを食べ終えたときにシェフが出てきてくれて、「お前の甘鯛、火を通しすぎちゃったよ」って悔しそうに言うんですよ。私みたいな小娘に対してそんなふうに真剣に言ってくれる、その姿がもう衝撃的で。別に私が食べて違和感があるほど火が通りすぎてるなんてレベルじゃないんですよ、本当にちょっとの差をすごく悔しがってくれて。そういうシェフの元で働きたいと思ったし、それくらい気を使っているだけの力強さがその料理にあったんですよね。

　だからもう、絶対ここで働かせてくださいって飛びついたんですけど、最初は「うちはもう女は面倒くさいから雇わないんだよね」って言われたんです。でも、**どうしてもどうしてもここで働きたい**って言い張ったら、シェフが「お前ならできるかもしれないね、やってみるか」と言ってくれたので、やります！って。すぐにお店の近くのボロッボロのアパートを借りて、働き始めました。

「ここだ！」と思えたレストランは、他と何が違っていたのでしょう？

うまく言えないんですけど、シェフの人柄が料理に出ているんですよね。料理はドーンとボリュームがあって、ちまちましていないんですけど、火入れとかちょっとしたことにすごく繊細に気を使っているのがわかるので、その人柄に惚れたという感じです。

実際に働いてみると、料理にかけている愛情や手間ひま、思いが半端じゃないんですよね。シェフは毎朝4時に起きて、5時くらいにはもう築地（当時の卸売市場）に行って自分で食材を選んでいましたし。スタッフはシェフ以外に3人か4人の体制でしたが、毎日のようにシェフから厳しい言葉が飛んできて、私ももちろんビシバシ叱られました。

そのお店ではオーダーが入ってから料理を作り始めるので、仕込みが少ないほうでした。オーダーが入ると、付け合わせの野菜の皮を剥き始めて火を通し、魚やお肉を1人前だけ切るという——だから、サービスが始まると戦争みたいな状況でしたね。

シェフは、料理人が朝から晩まで働くのはよくないという考え方の人だったんです。だから、朝の9時からじゃないとお店に入っちゃダメと言われていたし、夜も9時にラストオーダーと営業時間も短くて、時間的な余裕があるのはラクではあったんです。でも、他のレストランで働く周りの友達は朝早くから夜遅くまで働いていて。それを見ると、**こんなにラクをしてはいけない**って焦っちゃって…。シェフに頼み込んで、鍵をもらって早朝からお店に入らせてもらっていたんですよね。

仕込みが少ない店なので、特にやることはないんですけど、**無理矢理やることを見つけて**お店で過ごしていたんです。食材の仕入れの伝票を見てノートに書き写して、季節によって値段がどのくらいで動いてるかを把握したり、前の日に習ったことをノートに書いたりしていました。夜も11時くらいにはみんな帰っちゃうんですけど、残っていいですか？ってシェフにお願いして、ひとりで深夜1時くらいまで料理の本を読んだり、習ったことを復習したりしていました。当時の睡眠時間は平均して3〜4時間くらいですかね。20代から30代前半くらいまでは、ずっとそういう生活をしていました。

シェフも私がお店に長くいることについては、いいよって言ってくれていたんです。私、本当にボロボロのアパートに住んでいたんですけど、お店はお花が生けてあったりして夏場は人がいない時間もクーラーがきいていたので、休みの日もお店使っていいよと言ってくれて。

私は休みの日はフランス語を習いに行っていたので、その勉強も店でやっていました。実家というか、家のような感じで使わせてもらっていたので、私にとってはすごく思い出深い、愛着のあるお店だったんですよね。

料理のアイデアを書き留める
クレールフォンテーヌのノート

仕事用に料理のアイデアを書き留めるのに使っているのは、クレールフォンテーヌというメーカーのノート。調理師学校時代にフランスで修業していたときから好きで愛用していて、その後もフランスに行くたびに買って帰り、いつも使っています。アイデアはフランス語で書いたり、日本語で書いたり。フランスの料理研究家のような人が出しているレシピも、一般の人のレシピを集めたものも、シェフが一般の人のために作っているレシピもいろいろチェックして、自分の料理の感覚に合うなと思うアイデアは取り入れますね。私はフランスのガストロノミーと言われるレストランの世界も、家庭料理も知っているので、両方のいいところを取り入れていきたいと思っています。

こんなひと

4

「なんか違う」をごまかしきれなかった

老舗のレストランで3年働いた後、より客単価の低いビストロに転職して10年、夢中で働いたが、自分の将来像はずっと見えていなかった。自分で店を持つのは違う、では何がしたいのか――30代半ば、大好きなフランス料理の仕事をしながらも、人生で最も苦しい日々を送っていた。

大好きだったレストランをその後、辞めることになるのですよね。

はい。2年3年と働くうちにだんだんと…料理の方向性がちょっと違うと思うようになってきたんです。その店は客単価が高く、いい食材を使っていいサービスをする。それもフランス料理の一面ではあるけれど、**私がいいなと思う方向性ではなかったん**です。違うって一度思っちゃうと、どんどん気持ちも離れていって、仕事もうまくいかなくなるし、それでシェフに「辞めたいんです」と言いました。

シェフにはすごくかわいがってもらったんです。私、シェフに頼んで築地へ仕入れに行くのについていかせてもらってたんですけど、そういうときにお店で出している高級ミカンを持たせてくれたり、古い料理本を「お前には特別に見せてやる」とか言って見せてくれたり…。シェフが作る料理や、料理に対する考え方が大好きでした。だから、辞めたいと言ったときはシェフを裏切ってしまったような気持ちだったんです。でも、方向性が違うという感覚はごまかせなくて。その思いはシェフもわかってくれたのかもしれません。最後にはこんな私のために送別会も開いてくれました。

でも辞めた後は、自分がどこへ進んでいったらいいのか方向性が全然見えなくて。フラフラしていたら、知り合いの人にバイトしろよって言われて、食品会社でアルバイトをしました。コンビニ弁当などに使うソースやタレを作る仕事でしたね。

1年半くらいたったとき、ここなら働きたいと思えるお店が見つかったんです。前回のようにシェフと面接をして、食べに行かせてもらって。前のレストランよりも客単価の低い、20席弱の小さなビストロだったのですが、1カ月先くらいまで予約で埋まっているような人気店でした。人がいないからすぐ働いてほしいと言われて、働き始めました。ただ、転職しても変わらない私個人の課題もあったんです。

どのようなことを課題だと感じていたのでしょう？

私、昔からずっと、人を使えなかったんです。気持ちが入ってない人に仕事を任せるのが嫌で、**こんな人に任せるくらいなら自分でやったほうがいいって、**思ってしまっていたんです。そういうところをレストランのシェフにはすごく怒られていて。私もこの先、上に立つんだったら変わらなきゃいけないと思ってたけど、お店を持ちたいとか経営したいとかそういう夢がなくて、ただフランス料理が好きっていう思いしかなかったんですよね。具体的に何年後に自分でお店をオープンしたいとか思ってたら、人を使えるようになろうと努力したかもしれないけど、「遅刻してヘラヘラ笑ってるこんな人に仕事は任せられない」とか思っちゃうタイプだったんですよね。

新しいビストロも、やっぱりそのシェフの人柄

が出ている料理に惚れて、働きたいと思ったお店でした。以前のレストランよりも価格帯が安いので、高級な材料はあまり使えないから、今度は手間をかけなくちゃいけない。だから仕事量が半端なく多かったんです。

入った当時はシェフと私を含めて4人でお店を回していました。でも慣れてくると、また私の、人に任せられないという性質がむくむくと出てきて。飲食の世界って、前の日まで働いてた人がある日突然来なくなることもしょっちゅうあるんですよね。いい人がなかなか雇えないなか、シェフに「合わない人を使うんだったら、2人でやらせてもらえませんか?」って言ったんです。皿洗いもジャガイモの皮剥きも全部自分がやるから、2人でやらせてくださいって。そうしたらいいよって言ってくれて。今考えればシェフも、使える人がいなくて大変だったと思うんですよね。それで、入って3年ほどたった頃から、4人で回してた店をシェフと私の2人で回すようになったんです。

もちろん、すごく大変でした。翌日の仕込みが間に合わないという夜でも、お店に泊まるって言うと怒られるから、さよならって帰るふりをして途中で引き返してお店に戻ってきたり、家でシャワーだけ浴びて戻ってきたり…夜な夜な仕込みをするという生活をずっとしていました。自分から2人でやらせてくださいって言ったのに、やっぱりできませんとは言えないし、言いたくないし、**それが楽しいと思ってやってた**んですよね。

そう、楽しかったんですよ。馬鹿みたいだけど。シェフと2人でお店を回してるっていうことが。シェフの料理がすごく好きだったし。いいと思っている料理が同じで、目指しているところは近いんじゃないかなと思っていました。

当時って、泡のソースを使うとか、ちょっと科学的な料理みたいなものが流行っていた時代で。でも私はそういうのは苦手で、フランスのビストロで出てくるような、ぼんって量もあるようなどっしりした料理が好きだったんです。シェフはそういう料理を作っていたので、一緒に仕事をするのが本当に楽しかった。

あとは休みの日に、フランスに関するいろんなことを勉強するのも楽しくて。フランス語を習いに行って、フランスの絵画や映画を勉強して…。

結局、そのお店では10年くらい働くのですが、後半になると「あれもこれも勉強したいのに時間がない」っていう気持ちが高まってきて。2人でお店を回したいって自分で言っておきながら、矛盾が生じてくるんです。シェフはフランス人をバイトに雇ったりもしてくれたんですよ。でも、忙しい営業時間にフランス人と話してると、ぺちゃくちゃしゃべってんじゃねえってシェフに怒られるから、それで矛盾を感じるようになったりして。今思えば怒られるのは当たり前なんですけどね。

当時、私は30代半ばになっていて、周りの友達はどんどん独立して自分の店をやり始めていたんです。私はこの先、たとえば40になったときに自分でお店を持つのか、本当にお店をやりたいのか…って考えたら、**自分がやりたいのはお店じゃないな**と思っていて。そんな自分がここで働いていいのかっていう葛藤を少しずつ感じてたんです。悩み始めると仕事にも支障が出てきてしまって。こういう性格だから、どこかで「なんか違うな」って思い始めると、ガタガタッと仕事がうまくいかなくなってしまいました。どうにもならなくて、逃げるようにお店を辞めてしまったんです。

お店を回すということをトータルで考えると、やっぱり人をうまく使ってスムーズに料理を作れるほうがいいんですよね。私はそれができなかったから、苦労はいっぱいしているし、お店で一緒に働いていた後輩にも嫌われてたと思います。私のことを恨んでる人はきっといっぱいいるだろうなと思いますよ。働いた2つのお店の両方で、シェフからお前は人が使えないって言われ続けて、それでも変えられなかった。でも、**不器用だったけど、こうありたいという思いを貫くことができた**ことは、今の自分につながっている気がします。

こんなひと

5

「家政婦」がいつでも戻れる場所に

ビストロを辞めた後、思いがけずフランス人と結婚して出産し、偶然出会った家政婦という職業。一般家庭の台所で料理をして、忙しい人たちの食事をサポートしながらフランス料理の魅力を伝える仕事は、自分のやりたかったことが実現できる「天職」だと彼女は感じている。

家政婦という職業には、たまたま巡り合ったのですよね。

はい。ビストロの後にアルバイトをした飲食店の同僚だったロマンと結婚して、長男のシンちゃんが生まれて。子育てしながら働ける仕事を探そうと思い、最初はフランス人家庭のベビーシッターをしようかなと考えたんです。ネットで家事代行・家政婦のマッチングサービスを見つけて、お客さんにフランス人もいるかもと思ってそこに登録して。最初の1年くらいは料理の仕事が半分、お掃除の仕事が半分くらいで、当時はお掃除の方法も本で勉強したりしていました。

料理も特にフランス料理にこだわっていたわけではなく、1週間分の作り置き料理を用意するなかで和洋中を織り交ぜて、そのなかに家で作れるようなフランス料理もちょっと混ぜて、という感じでやっていたんです。そうしたら意外にもフランス料理の作り置きにすごくいい反応をもらって。

フランスへ行くたびに 料理本を買いだめ

料理の本や雑誌は、フランスへ行ったときに古本屋さんで買い込んだり、フランスのオークションサイトでまとめて買ったりしています。フランスにもいろんな地方があって、地方料理の本や、家庭料理の本をよく買って、気になるもの、面白いと思う料理に付箋をつけています。日本では材料がそろわないものとか、一般家庭では難しいものもあるので、日本の台所で取り入れられそうかという視点で見て、アレンジしてでも作れそうなものはチェックしておきます。料理の本のストックはうちにたくさんあるので、今、改装の計画を進めている古民家の離れを、料理の本が読める図書館みたいにできたらなと思っています。

今までに食べたことのない料理でおいしかったとか、レストランで食べているみたいでしたとか、キャロットラペを作ったら「子どもがこんなにニンジンを食べてくれたのは初めてです」とか…。

　フランス料理って、敷居が高くてカッコつけてるみたいに思われていたり、そういうイメージを打ち出しているところもあって、それがすごく嫌だったんです。レストランやビストロで働いているときもずっとそう思ってたんですよね。高級なお店でなくても、フランスを知っている人が多く集まってくる面もあって。

　私も田舎者だから、料理の勉強を始めるまではフランス料理を食べたことはなかったですけど…。そういう田舎で暮らしてる、**フランス料理を食べたことがない、おじいちゃんおばあちゃん**とかに食べてほしかったんです。私が好きなのは、フランス料理のなかでも田舎料理だったので、そういう人たちが食べてもおいしいって言ってくれるものを作りたいと思っていました。

　私が家政婦の仕事で作ったフランス料理は、きっと**子どもも大人もお箸とかで自由に食べていたはず**なんです。それぞれいろんな家族構成なので、おばあちゃんから小さな子どもまでいて、そういう人たちがフランス料理を食べておいしかったよって言ってくれる、それがかなうことがすごく嬉しいなって思ったんですよね。

　あとは、私の作り置きによって、皆さんが時間をかけてごはんを食べてくれることも嬉しかったです。私が育った家は、両親が共働きで結構忙しかったんですけど、祖父母と曾祖母も入れた７人家族で、みんなで食事をするのが当たり前だったんです。でも、私が家政婦として行くような家庭は、家事を外注するくらいなのでとにかくお母さんが忙しくて。お父さんも夜遅かったり食事は外で済ませてきたりするので、家族の食べる時間がバラバラな家もたくさんありました。子どもたちを先に食べさせて、寝かしつけまでやってから大人が食事をするという家もあります。

でも、作り置きがあればレンジでチンするだけで食べられるので、お母さんが子どもと一緒にごはんを食べられるようになったとか、お父さんも早く帰ってきて家族で一緒に食べるようになったとか言ってくれる人が出てきたんですね。ゆっくりごはんを食べるというのは、まさに私が伝えたいと思っていたフランスの素敵な文化だったので、自分が家政婦として料理を作ることで、両親が忙しい家庭にそういう時間をつくってあげられるなら、すごく嬉しいことだなと思って。それはレストランではできなかったことなんですよね。

家政婦の仕事を始めたばかりのときは、必死にやっているだけだったんですけど、だんだん料理を頼んでくれる人の数が増えていって、お客さんとのやり取りのなかでいろんな嬉しい言葉をいただけるようになって、**私、こういうことがやりたかったんだ**って思えるようになったんですよね。家政婦という仕事を通して初めて、それに気づけたんです。

フランス料理を、肩肘張らずに食べてほしかったんですね。

そうなんです。フランス料理の敷居を下げて、普段の食卓で食べてもらいたかったんです。レストランだとちょっと気構えちゃうけど、家でなら、たとえば牛肉の赤ワイン煮をご飯や味噌汁と一緒に食べても全然いいじゃないですか。フランス料理を取り入れたレシピを、テレビや本で提案するようになったら、家で作ってみました、すごくおいしくできました、とかそういう声も聞くようになって。**そうでしょう? フランス料理っていいでしょう?** って、心から思うんですよね。

20代の初めに調理師学校のフランス校から日本に帰ってきて、就職先がないなって感じた原因は、今思えばフランス料理の敷居の高さだったんですよね。就職活動をしながらずっと「何かが違う」と言っていて。「フランスで感じてたことと何か違うんですよね」と言うと、「じゃあフランスで働けばいいじゃん」と言う人もいたんですけど、「それもなんか違うんですよね」と言っていて…。ある有名なお店のサービスの人に相談したら、「何か違うって思うんだったら、自分でやるしかないよ」って言われて。「でも、何がやりたいかわからないんです」という思いで聞いていたんですけど、なんとなく心に刺さった言葉の1つではあったんですよね。結局、私が好きなのはフランスの家庭料理や地方料理で、やりたかったのはレストランという形式ではなかったんだということに、長い時間をかけて気づくんですけど、家政婦という仕事に出会うまでは、それがわからなくてずっと悩みましたね。

最近は、テレビ出演やレシピ本の仕事をしながら家政婦の仕事も？

今は家政婦の仕事には、以前からのお客さんを中心に少ししか行けていなくて。ある時期までは、そういう状態が嫌で、メディアの仕事を減らしたいなと思っていたんです。でも最近は、**メディアの力を借りられるからこそできることがある**、たくさんの人に伝えられることがあるのかなと思うようになってきて。

　家政婦という肩書きにしてもらってるのに、家政婦の仕事してないじゃんって言われたらそれまでですし、現役の家政婦さんからしてみればそう思われても仕方がないと思います。でも私は、**家政婦の目線でレシピを作りたい**なと思ってるから、家政婦という肩書きにしてもらっているんです。

　私がメディアを通して作る料理やレシピは、家で作るということが前提で。**家でゆっくりごはんを食べてほしかったり、料理に対するマイナスなイメージを「楽しい」という方向に切り替えてあげたかったり**するのが目的なので。お母さんたちにラクになってほしいし、もっと男性や子どもも料理に参加してほしいいし。家政婦だけをやっていたら、それを伝えられる相手は数が限られてくるけど、メディアを通じてよりたくさんの人に伝えられることは嬉しいなと思うんですよね。

見てくれた方の反応を聞くと、料理を作る楽しみが伝わっているんじゃないかなって思います。「これ、まねして作ってみよう」とトライしてくれたり、「難しいと思ってたものが簡単に作れた」「フランス料理ってなかなか家では作らないけど、番組を見て作ったらおいしくできた」と言ってもらえたり。たくさんの人に、**家にある食材で普段作らないような料理を作ってもらえて、そのレシピを自分のものにしてもらえる**ことは、家政婦の仕事だけではできなかったことじゃないかなと思います。毎日の食卓で、楽しく料理をすることや、楽しく食べることが大切だということを伝えたくて。手間がかかって技術がいるような料理を楽しむなら、いくらでもおいしいレストランがあるので、食べに行けばいいと思うんです。家で簡単に作れて、でも華やかさがあって…という料理を紹介することで、普段の食事がいつもと違うものになったと思ってもらえると嬉しいです。

最近は外を歩いてると、いろんな年齢の方に声をかけてもらうようになったんです。お父さん世代の男性が「志麻さん、これ作ったんです。すごくおいしくできました」と言って写真を見せてくれたり、お母さんが小学生くらいの子どもを連れて「この子がファンなんです」と言ってきてくれたり。そうやって少しずつ料理へのハードルが下がって、料理を楽しんでくれる人が増えているのかもしれないと感じられることがすごく嬉しくて。

私が家政婦として行くお宅は忙しい人たちばかりだったので、作る時間がなくてとか、メニューを考えるのがすごく苦痛でとか、**料理に対する負のイメージ**を持っている人が多いように感じていたんです。でも、メディアに出るようになってから、「これ作ってみました」って楽しそうに言ってくれる人にたくさん出会えたことで、男性や子どもも料理に参加してくれていることがわかっ

手持ちとリュックで使える CABAIAのバッグを愛用

CABAIAはフランスで流行っているバッグブランドで、現地で買ったものをいくつか愛用しています。義理のお姉さん（ロマンの姉）が持っていて、ずっとかわいいなと思っていたので購入しました。リュックでも手持ちでも使えて、外側についているポーチが取り外し可能で別のものをつけることができたり、いろいろカスタマイズできるのでその日の気分で変えたりしています。首に巻くストールは必ずバッグに入れて、ちょっと寒いときはすぐ巻いています。あとは、リップクリームとかを入れたポーチ、エコバッグ、お財布、ハンカチが定番の持ち物ですね。

て…。そうすると料理がお母さんだけの負担にならなくなるし、子どもの食育にもつながるし。「ちゃんと作らなきゃいけない」と思っていたものが、実なこんなに簡単に、気楽に作れるんだっていうことが伝わるのはすごく嬉しいんですよね。

　私がフランス料理から一番学んだことは、料理そのものではなくて、食べるということへの意識なんですよね。最近、フランスのロマンの実家に4年ぶりに里帰りしたんですけど、現地で感じたのはやっぱりそこだったんです。たとえば、子どもたちをお姉さん家族に預かってもらった後に、何食べたの？って聞いたら、パスタにバターを絡めて塩をかけただけのものだったり。日本で言ったら卵かけご飯みたいなものですよね。それを夕食のメニューの1つとして出す勇気ってなかなかないけれど、子どもたちは久しぶりにいとこたちと楽しく食べておいしかったと言っていました。**忙しいときは簡単な料理だっておいしいって食べてくれるならいい**という気持ちだから、フランスの人たちは時間や心に余裕ができるんだろうなと思うし。職場に持って行くお弁当なんかも、だいたい残り物を詰めた簡素なもので。一方で週末は家族で昼間からワインを開けて4時間も5時間もゆっくり食事をしているんです。そういう食事を取り巻く空気とか時間のかけ方とか、**抜くところは抜いて、力を入れるところは入れて、**作ることも食べることも、みんなとにかく楽しんでいる——食事に対するフランス人のそういう考え方がやっぱり好きだなと思って、日本も少しずつそういう社会になったらいいなって思います。

　今はたまたまこういう形で仕事をしていますけど、たとえば料理研究家になってずっとメディアを通して仕事をしたいと思っているわけではなくて。今のようなテレビの仕事はいつかなくなるだろうなと思っているので…。なくなったらまた家政婦の仕事をメインにしていけばいいやと思ってるし、**私にとってはいつでも、家政婦という戻れる場所がある**んですよね。

こんなひと

6 私を変えた夫のロマンと田舎の暮らし

「思っていることを言葉にできなかった私を変えてくれた」というフランス人の夫と結婚し、彼女の人生は大きく動き始めた。3人の子どもたちが思い切り遊べる環境を得るために、東京から移住して自然のなかで暮らすようになり、彼女はますます生き生きした表情を見せている。

夫のロマンさんとは、アルバイト先で出会ったのですよね。

はい。ビストロを一方的に辞めてしまった後、貯金もなかったので家賃を払うために、飲食店でアルバイトを始めたんです。フランス人がいっぱい働いてるというだけの理由で決めたお店でした。私がお店に入った3カ月後にロマンがアルバイトとして入ってきて。彼は日本のアニメが好きで、日本語をちゃんと勉強するために日本に来て間もない時期だったんです。当時、ロマンは20歳、私は35歳でしたが、彼から熱烈アピールを受けて…。迷いながらも付き合い始めて、1年後に結婚しました。

志麻さんから見て、ロマンさんはどんな人ですか？

ピュアでまっすぐな人。私の言葉を聞いてくれ

巻きものとバレエシューズは
フランスの
ファストファッションで

日本にあるH&MとかZARAみたいなファストファッションのお店がフランスにはいろいろあって、そういうところで買い物するのが好きなんです。首に巻くストールとかの巻きものやバレエシューズはいろんな色のものを持ってるんですけど、フランスに行くと買い足して、コツコツ集めています。

る人。もちろんロマンも、ちょっと違うと思ったことはそう言って返してくるけど、**私が何を言っても気持ちを理解してくれる人**です。思ったことはなんでも言えるし、嫌だなと思ったことも言える。喧嘩もいっぱいするけど、この人だったら言っても大丈夫、わかってくれると思える。お互いに理解できないことはちゃんと納得いくまで話ができる人ですね。

　あとは、優しい。なんでも受け入れてくれるような優しさはあります。あとユニークなところも好きだし、かわいいなって思える一面もあるし…。

いっぱい出てきますね。

　はい、いい人に恵まれました。ロマンがいることで私の人生もすごく変わったと思います。私が基本的に根暗なので、**ジメジメ考えている状態から本当の気持ちを引っ張り出してくれる**ような人です。いまだに、ちょっとしたことを人に言いづらかったり、気持ちをためちゃうところは変わっていないと思うんですけど、昔に比べたらすごくものを言えるようになっているし、なんでも言葉で解決しようと思えるようになりました。すごく私を変えてくれた人ですね。

意見が違っても話し合って解決している？

　やっぱりそれぞれに違う考え方とか、ものの見え方があるので、**1つのことに対して違う意見を持ってるのは当たり前**なんですよね。その意見をお互いがちゃんと言葉にすることで、理解し合えていると思います。

　子育てのことにしてもそうだし、ちょっとした細かいことでも、疑問に思ったら言葉や態度で伝えますね。以前の私は、何も言わずにプイッてなっちゃう、そういうことしかできない人で――

今でもたまにそんなときもありますけど、なるべく言葉を使って解決策を見つけるようにしています。意見が違ったときに、じゃあどうしたらいいと思うか、なあなあにしないで話し合うと、お互いをより理解できるようになる。ロマンは私をそういうふうにさせてくれる人ですね。

以前ご一緒した食事の時間に、ロマンさんがお子さんたちを注意して志麻さんは何も言わない、という様子だったのが印象的でした。

2人で怒ってもしょうがないなと思ってるので、バランスを考えてそうしてますね。ロマンが子どもたちにバーッと言ってるのを見たら、なんか言ってるなくらいに受け止めて、私はあまり言わないようにしていて。子どもがどんなふうに反応してるかをよく見るようにしています。

でも、たまに私がブチ切れるときもあるんですよね。たとえば昨日の日曜、お昼ごはんがうどんだったんです。テーブルに鍋でうどんを出して、子どもたちにどのくらい食べる？って聞きながら取り分けて。末っ子のサンちゃんにうどんを切ってあげたのを見て、次男のショウちゃんが、ショウちゃんのも切ってって言ってきたから、切ったんです。でもその分を食べなかったから「食べるって言ったのに食べないのはダメだよ。何回も注意してるでしょ」って私、めちゃくちゃ怒って。「これ食べきれないなら、夜ごはんはうどんだけでいいの？」って聞いたらいいって言うんです。夜ごはんはショウちゃんの大好きなステックフリッツ（ビストロ料理の定番のステーキとフライドポテト）だったから、ステックステック〜ってごはん前から踊ってるんですよ。でも、まず昼ごはんの残りのうどんを食べてからだよって言ったらギャン泣きして。でもそのまま放っておいて、10分くらいしたらスッキリしたのか急に泣きやんで、うどんを完食して、その後にステックフリッツを食べて、おいしいおいしい～って。かわいくて、涙が出そうになっちゃいました。

そんなふうに、特に私は食べ物のことにはうるさいほうで、たまにバシッと言うことはありますね。あんまり毎日グチグチ言っても子どもって聞き流しちゃうから、普段怒らない人が怒ると効き目があったりするんですよね。そんな感じで、ロマンとは役割分担というか、お互いの様子を見ながら子どもに接しているところはあります。

お子さんが3人いても、子育てに翻弄されている感じではないですね。

そうですね。もしかしたら私の母の影響もあるかもしれないです。母は看護師だったこともあって、私が子どもの頃、何があっても動じなかったんですよ。ちょっとしたことでは病院にも連れて行ってくれなくて。

私が中学生か高校生のとき、ストーブの上にのっているやかんを、ちょっと横着した姿勢で取ろうとしたらひっくり返してしまい、お腹にやけどをしたことがあるんです。そのときでさえ病院には連れて行ってもらえず、母が家にある薬で処置してくれました。風邪を引いても、学校は休ませてはくれるんですけど、常備してある薬で治していましたし。

母からは、「大丈夫、大丈夫」といつも言われていましたね。そういう母に育てられたからか、**私も子どもができたときに、私がドンと構えていなければと思えた**んですよね。子どもがすっごく泣いてても、どうしようと心の中では思っても、落ち着いて対処するようにはしています。母親になると子どものちょっとしたことが心配になっていろいろ調べたり、親に相談したりすることってあると思うんですけど、私は子育てについて全然親に相談していないんですよね。たぶんそれは、何があっても動じない態度で育ててくれた母の影響なので、ありがたいなと思っています。

何かあると実家の母親やママ友に相談するお母さんは多いと思うんですけど、私は何か心配ごとがあるとロマンに相談して、夫婦の間で済ませちゃってるんですよね。2人の子どもだし、**何か問題があったら2人で解決していく**っていうふうにしているので。

私が子育てのことを全く相談しないので、もしかしたら親はちょっと寂しいと思ってるかもしれないけど…そもそも私はあまり細かいことを心配することがなくて、割とドンと構えていますね。

子どもたちはみんな、2歳から包丁を持たせていて。末っ子のサンちゃんも今2歳ですけど、持ちたいって言えば一緒に包丁を持って。ケガしたらどうしようとか思うことはないです。指をちょっと切ったら切ったで、痛かったねって言って。子どもって熱いものも触りたそうにするので、熱いよって教えてあげて、それでも触りたいと言ったら鍋の柄のところを一瞬だけ触らせて、熱いっていうことを教えてあげる。ダメって言ってやらせないと余計に興味が湧いちゃって、たとえば油が入った鍋をひっくり返すとか危ないことにつながるから、鍋が火にかかってたら熱いんだよということを小さいときから教えてあげる。そうすると本人も気をつけるようになるので、子どもたちは今まで大きなケガをしたことはないですね。

2023年の春に、東京の下町から自然豊かな土地へ移住されて、気持ちの変化はありますか？

すごくありますね。やっぱり気持ちがいいので、**以前よりも家族みんなの機嫌がいい**ような気がします。取材に来た人たちから、ロマンもすごくいい表情してるねって言われますし。

子どもたちは外で思い切り遊べて、本当に生き生きしています。東京では家も狭かったし、公園も歩いて5分くらいの距離で、子どもだけでは行かせられないので親の手が空かないと連れて行っ

てあげられなくて。子どもたちは家で遊ぶことが多かったから、15分だけゲームやっていいよとか言って遊ばせてたんですけど…。今はもう外に出しておけば朝から晩まで遊んでて、いい顔をしてるんですよね。ゲームをやった後の疲れた顔じゃなくて、疲れはあっても、すごくいい表情をしていますね。

最初に子どもたちのそういう表情を見たのは、ここに引っ越してくる前、田舎体験みたいなことをさせたときだったんです。そのときに、子どもってこんなにいい顔をするんだなって感動して、こういう環境で子育てしたいなって思ったことが移住のきっかけです。古民家を改修して暮らしたいなと思ったので、知り合いづてで探したらいい家が見つかって、話がトントン進んで…。古民家の改修を進める間は、すぐ近くの今の仮住まいに住めることになったので、それもラッキーでした。

ここに住んで2カ月くらいですけど、子どもたちの楽しそうな顔を見るのが本当に嬉しいですね。自然のなかに放っておけば、子どもって勝手に何かを見つけたり、つくり出したりして遊んでるし。私も自然豊かな田舎で育って、すごく楽しかった思い出があるので、子どもたちもそういうふうに育てたくて。3人とも性格が全然違うので喧嘩もよくしますけど、それぞれ個性を大切にして、自分らしく伸び伸びと育ってほしいなと思います。

さっきまで家にいたロマンさんがどこかへ出かけたみたいですね。

たぶん近くに住んでいる、まもじさんのところですね。夜中までうちで飲んでいくロマンと私の師匠です。**ロマンがああいう人懐っこい性格だから、すぐ友達みたいになっちゃう**んですよね。私もいろんな人がいてくれたほうが楽しいなって思うので、近所の人をうちのごはんに誘ったり、おすそ分けしたり、逆におすそ分けをもらったりしています。

近所の人も親切な人ばかりなんです。引っ越してきた直後にフランスへ里帰りすることになって、最初は2匹の猫たちを動物病院のペットホテルに預けるつもりでした。でも、トムトムのほうがすごく繊細で、ペットホテルに連れて行ったらストレスで泡を噴いちゃって…。急遽、近所の人に、猫たちのお世話をお願いできますか？って頼んだら、快く引き受けてくださったんです。私たちの留守中、朝と晩に家に来てくださって、毎日のように「今日はこんな感じでしたよ」ってメールで写真を送ってくれたりしたんですよね。

農業をしている人も多くて、タケノコを採ったら持ってきてくれたり、子どもたちにイチゴの摘み放題をさせてくれたり、ヒヨコを見せてくれたり、野菜の収穫をさせてくれたり…。この間は、蛍を見においでって言ってくれて、夜、子どもたちと一緒に見に行きました。田舎あるあるだと思うんですけど、採れた野菜を持ってきてくれるのもしょっちゅうだし。うちに夜ごはんを食べに来てくれたときは普通に夜12時くらいまで飲んで行ったり。私が撮影で忙しいときは、料理を作って持ってきてくれたりもするんですよ。子どもたちのこともすごくかわいがってくれて。周りの人たちがみんな親戚みたいなんですよね。

いくら環境がよくても、近所の人たちとうまくいかなかったら気分的にもよくないけど、周りの人たちにすごく恵まれて、楽しく生活しています。

こんなひと 7

思いがあればレシピ以上のものができる

料理はレシピ通りに作らなくても、自分なりにアレンジすることで、より満足度の高いものができる、と彼女。生き方も料理と同じで、世の中にあるレシピに合わせず、自分の思いを大切にしながら道を探すことで、レシピ以上にしっくりくるスタイルが見つかると実感している。

ご自身の「納得のいくあり方」を模索し続けたからこそ、志麻さんの今があるという感じがします。

そうですね。でも、レストランを辞めたときの話とか、あまりにもつらすぎて、お話しするたびに泣きそうになるんですよね。自分がずっと一生懸命やっていたことを、突然辞めたことで全部無駄にしてしまったという思いがあって。今までかわいがってくれた人も全部敵に回して…。辞めた当時は、**何のために今まで死ぬ気で頑張ってきたんだろう**と、むなしくなりました。進むべき道が見つからない、どこへ向かって行ったらいいのかわからないときが一番苦しいんですよね。

最近、テレビ番組の企画で20数年ぶりに調理師学校のフランス校を訪れたときに、思いがけず泣いてしまいました。フランス校は思い出がいっぱいあって、ずっと帰りたい場所でもあったんです。当時教えてくれた先生たちにも会いたかったし…。

でも、自分が今、こんなことしてますって胸を張って言えないから帰れないという時期が長かったんです。だから、番組のなかではありましたけど、**私、ここに帰れるようになったんだな**と思ったら涙が出てきてしまって。

長い間、フランス校時代の友達にもほとんど連絡を取っていなかったんです。SNSとかでは一応つながっていて、レストランを始めましたとか、何店目を開きましたとか、うまくいっている人やどんどん事業を拡大している人の活躍も見ていたんだけど…。そういうのを見て、私は何をやってるんだろうと思っている期間が長すぎちゃって。でも最近はそういう人たちにも、頑張ってるねとか言ってもらえるようになったんですよね。**みんなとは全然違うことをしているけど、私は今、こういうことをしてます**って言えるようになって、本当によかったなと思っています。

料理人時代は家政婦という仕事を全く想定していなかったけど、自分は何が好きで、こういうことを人に伝えたいとか、こういう料理が好きだからフランス料理をやっているとか、その思いは当時から変わっていないんです。不器用だったけど、あのときお店を辞めたことで、ロマンと知り合って、家政婦という仕事につながったから、私は不器用でよかったなと思うんです。人には迷惑をいっぱいかけましたけど、今、自分が好きな料理を作れて、それを人に伝えることができて、喜んでもらえている。料理人以外のあり方を選択できたのは、頑固だったけど自分の思いにこだわっていたからできたことだと思うんですよね。

自分の思いを大切にしながら道を模索している人の希望になります。

仕事も、料理も、同じだと思うんです。レシピを探して作ると、レシピ通りのものにしかならないけど、**自分で料理の哲学みたいなものを持って作ると、レシピ以上のものができる**んですよね。

生き方や仕事も、世の中にあるような形を目指していくと、そういうふうにしか進まないけど、自分の気持ちや、何が好きかを見つめ直して、その思いをもとに進んでいったら、**今ある形以上にしっくりくる仕事とか、生き方ができる**んじゃないかなって思います。

そのあり方が人とずれてると不安にもなるし、自分は何をやってるんだろうと悩む時間は苦しいけど、そこを通り過ぎて自分が納得いく生き方を発見したときは、悩んでよかったなと思えるんですよね。つらい時期がなかったら、きっと今の私はないと思うので。周囲に流されて進んでいたら、なんか違うなって、悶々としながら自分のお店をやっていたかもしれない。

「まあいっか」と受け流すみたいなことはなさそうですね。

好きなことに関しては、ないと思います。ただ他のところで力を抜いていて、好きなこと以外はどうでもいいと思ってるから、バランスはいいかもしれません。全部を頑張ろうとせずに、抜くことも大事だなと思ってるんですよね。私、料理のこと以外は興味がないから、いろんなことを知らなくて、家族とかにもずっと馬鹿にされてて。ニュースもそんなに見ないし、今、世の中で何が起こっているかとか、流行っていることとか知らないんですよ。話題になっていることについて、「え、何それ」とか言って、知らないの？って言われるとか、そんなことばっかりで。

それでも、大好きな料理のことやフランスのことをとにかく調べたり、触れたり、見たりすることが楽しくてしょうがないので。そんなふうに言われても悔しくはないし、**いや、私は楽しいことやってるんだもん、馬鹿にされても別にいい**みたいにずっと思っていますね。

タサン志麻 一問一答

Q 永遠の憧れの人は？

A 坂本龍馬と
マイケル・ジャクソン

坂本龍馬は、漫画の『お〜い！竜馬』(小学館)を中学生くらいのときに友達の家で読んだのがきっかけで大好きになり、墓所のある京都の神社宛てにバレンタインの手作りチョコレートを送ったことも。マイケル・ジャクソンには高校生のときに夢中になって、音楽雑誌で同じマイケルファンの文通相手と情報交換をしながら、アメリカで放送されたテレビ番組やCMの録画ビデオとかを入手したりしながら楽しんでいました。次男のショウちゃんもマイケルが好きで、たまにYouTubeで映像を観たりしているんですけど、まねして歌ったり踊ったりしているのを見ていると、なんか馬鹿にされたような気分になって、一緒に観たくないんですよね…(笑)。マイケルや龍馬のように夢に向かってまっすぐ突き進んでいるピュアな人に憧れます。

Q 密かに集めている
ラッキーアイテムは？

A 猫のひげ

自然に抜けた猫のひげはラッキーアイテムと聞いて、集めています。お財布に数十本は入ってますね。長男のシンちゃんが、落ちているひげを見つけるのが得意で、見つけるとマモーンって言って持ってきてくれます。

Q 子どもの頃の
原風景は？

A 料理や収穫の思い出

母がとにかくいろんな料理に挑戦していたので、餃子の皮を作ったり、お菓子作りをしたり、山で採った野イチゴでジャムを作ったり、母と一緒に料理をした経験はいろいろ記憶に残っています。父は料理をする人ではなかったですけど、海釣りに連れて行ってくれたり、栗拾いや山菜採りをさせてくれたり。あと、おじいちゃんが農家でお米を作っていたので、田植えや収穫を手伝ったり。食にまつわるいろんな経験をさせてもらったことは、楽しい思い出として残っていますね。

Q 最近ハマった漫画やドラマは？

A 医療系とドロドロの不倫もの

漫画はスマホでよく読んでいますが、近ごろは医療系のものが好きですね。キャッシュレス決済で買っていて、夢中になるとついついお金を使っちゃってたりもします。配信で韓国ドラマもよく観るのですが、最近、『夫婦の世界』という不倫をテーマにしたドロドロの復讐劇の作品にハマりました。韓国のドラマならではの、ちょっと大げさな展開のストーリーが、観ていてスッキリするんですよね。

Q タサン家の定番料理は？

A ステックフリッツとタコライス

ステーキと山盛りのフライドポテトを合わせたステックフリッツは、私も家族も大好きなので週1くらいの頻度で作りますね。ステーキというと高級なお肉みたいなイメージを持たれやすいですけど、ロマンも私も脂肪分の多い和牛が苦手で、安い海外の赤身肉を焼いています。子どもたちが好きなタコライスもよく作るかな。あとは、鶏のから揚げとか、焼き魚や蒸した魚に白ワインソースをかけたり、グラタンとかパスタとか、手間をかけずに作れるものが多いですね。家では新しい料理に挑戦することはほとんどなく、自分たちが好きな定番のものばかり食べています。

Q ひとりでこれをしているのが好き、という時間は？

A 自然のなかで仕事をしている時間

田舎に引っ越してきたら景色がいいので、気候がいい時期は、外にテーブルを出して仕事をしています。土日は子どもたちがいて自由な時間はほぼないので、ひとりで何かするといえば平日の仕事くらいしかなく…（笑）。好きなお茶を飲みながら、レシピを作ったり、メールのやり取りをしたり。天気のいい日はウグイスとか鳥の鳴き声がたくさん聞こえて、緑がきれいで風も気持ちいいし、そういうなかで仕事をしている時間が好きですね。

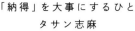

＊

かざらないひと

3

＊

かざらないひと3

高尾美穂

「意志」を大事にするひと

高尾美穂

医学博士・産婦人科専門医。日本スポーツ協会公認スポーツドクター。愛知県生まれ。東京慈恵会医科大学大学院修了後、同大学附属病院産婦人科助教、東京労災病院女性総合外来などを経て、2013年から「イーク表参道」副院長を務める。婦人科外来に携わるほか、日本医師会認定産業医として働く女性を支える傍ら、内閣府男女共同参画局、内閣人事局などでの教育講演を担当してきた。ヨガの指導者資格も持つ。女性の健康で幸せな人生と前向きな選択を後押しすることをライフワークとし、幅広い年代の女性たちから絶大な支持を集める。各種SNSでの発信のほか、音声配信プラットフォームstand.fmの「高尾美穂からのリアルボイス」が1000万再生を超える人気を博す。

「意志」を大事にするひと

高尾美穂

「高尾先生の言葉をもっと聞きたい」――産婦人科医である彼女が多くの世代にファンを持つようになったきっかけは、NHKの情報番組『あさイチ』にたびたび出演するようになったこと。温かく説得力のある語り口と唯一無二の存在感で続々と支持者を増やし、今では数多くの取材や講演に声がかかる。

2020年春から音声配信プラットフォームstand.fmで配信する「高尾美穂からのリアルボイス」は、累計1000万回以上再生される人気チャンネルに。主にリスナーから寄せられる相談に答えるこの配信では、不調や健康といった彼女の専門分野だけでなく、人間関係から自己肯定感の持ち方まで、さまざまな悩みに助言をする。心がふわりと軽くなり、前向きになれる優しい語り口のアドバイスを、「生きていくための心のお守り」のように聞いている人も少なくない。

医師として、人として絶大な信頼を得ている背景には、彼女が「意志」を大切にして生きてきたことがうかがえる。「どんな人生を送るか、どんな人でいるかは自分で決められる」――彼女はそれを、穏やかな強さで伝え続けている。

こんなひと

1

自分は「凡人」だと感じたから

小さい頃から工作も音楽も運動も勉強も得意だったけれど、自分は「凡人」だと感じていた。大学の進路は「できないことができるようになる分野」という視点で、医学部を選ぶ。自身が進むべき道をどのような思いで探っていったのか、振り返ってもらった。

小さい頃はどんな子どもでしたか？

今より自由だったかな。今もだいぶ自由なんですけど、もっと自由でした。やりたいことはほぼすべてやらせてもらったし、これはやっちゃダメって言われることはほとんどなかったので。何か物理的な制約があると、発想が広がるということはなくなってしまうと思うけど、そういう状態では全くなかったと思います。

特によかったのは、小学校高学年くらいのときに通っていた、**工作クラブ**みたいなところ。いろんな板や釘、電球、はんだごて、電動のこぎりとかの材料や道具が置いてあって、2時間くらいの決まった時間を自由に過ごしていいよという場所で。2週間に1回から月に1回くらい通っていたんです。道具の使い方を教えてくれる人はいるんだけど、何かの作り方を教えてくれたり、これを作りなさいと指示されることもないから、すごく

主体性が必要な場だったんですよ。

そこが本当に好きで、電気の力を使ったおもちゃを作ってコンテストに出したりしましたね。今でもよく覚えているのが、スマートボールっていう横向きのパチンコみたいなおもちゃで、ボールが穴に入ると電気が走って音と光を発するみたいなものを自分で作ったんですよ。

あとは、タッパーの容器を使ったボクサーのおもちゃも、自分で考えて作りましたね。タッパーを体にしてモーターで回る両腕にグローブをつけたものを2体作って。青コーナーと赤コーナーに置いて、紙相撲みたいにトントントントンって2体を戦わせて、どっちかがパターンって倒れたら負け、というおもちゃ。面白くない？ そういう時間が好きでした。

たぶん親が見つけてくれたところだったんですけど、行かせてもらってすごく喜んでたんです。ああいう場は今でもあったらいいんだろうなと思いますね、子どもたちにとって。ゴールが決まっていて何かをやらせるみたいなものではなくて、**自分でゴールを決めて、そこまでどうやったらたどり着けるか**を自分で考えるみた

いな場が。

それ以外にもバイオリン教室に通っていて、バイオリンの先生の妹さんに工作と絵も習っていました。姉妹とも芸大出身だったんですよね。今でも実家の私の部屋には、普通の画用紙が4枚つながったくらいの大きさの画用紙に描いた動物園の絵が貼ってあるくらいだから。たぶん親は私にいろいろ試させてくれて、そのなかから好きなことが残っていったという感覚はありますね。

クリエイティブな方向の進路を考えたことも？

どちらかというとスポーツのほうを目指そうと思った時期はあります。

私が高校生のときに、オリンピック種目にソフトボールが選ばれたんです。私、結構ガチでソフトボールをやっていたので、本気でソフトボールの日本代表になりたいなって思った頃があって。そのまま頑張って、なれたかどうかは別ですけど。通っていたのが愛知県の旭丘高校という進学校で、高2くらいからみんな受験勉強するんですよね。ソフトボールで日本代表を目指したいと言ったら、周りからは「好きにすればいいけど、長く続けられるものを進路にしたほうがいい」と言われたんです。スポーツ選手は身体的にピークの時期が限られているから、もっと**長期にわたって人の役に立てること**を学ぶという選択でもいいんじゃないかと、そんなことを言われた記憶があります。そう言われてコロッと考えを変えたわけではないんですけど、普通に大学受験はしました。

当時、旭丘高校には10クラスあって、1組から9組までは普通科で、10組が美術科だったんです。その10組には、高校生当時から芸術的にずば抜けた才能の人たちがいるんですよ。そういう人たちを見ていると、自分は凡人だってことがすぐにわかるんですよね。

小さい頃からずっとバイオリンをやっていて、

旭丘高校は普通に受験しても受かる成績でしたが、弦楽の推薦入学で入っていたので、弦楽部に入部したんですね。そうするとやっぱりものすごい人がいるんですよ、弦楽部に。

美術も工作も好きだったし、バイオリンも好きだったけど、そういう分野で**自分は並みよりちょい上ぐらい**っていう感覚を当時から持っていて。ここでは私は一番になれないということを、高校生ながらにいろんな分野に対して悟っていたんだと思うんです。結構器用にいろんなものができるけど、どれか1つがものすごく飛び抜けてるわけでもないっていう、自分に対しての気づきがあったんですよね。

そういう気づきが、長期的に見て一番つぶしがきく分野で…という表現がいいかわからないけど、普通の大学を受験するという方向になっていく理由にはなったでしょうね。自分は凡人だっていうことに早いうちから気がついていたから、**コツコツ積み重ねる**ことしかできないと思ったんです。

そんな気づきを得て、医学部を目指したのはどんな考えから？

理系の頭で、高校も確か1年生から理系クラスだったから、自分としては理系以外に進む選択肢はなかったんですよね。小学生のときに母親が乳がんの手術をしたときから、漠然と医者になりたいと思っていたこともあって、医学部を目指すことにしたんです。でも、確か3年生に上がってすぐぐらいの親と先生の面談の後、先生に呼ばれて「東大の文学部なら受かるぞ」って言われて、はい？と。突然そんなことを言うので何かあったのかなと思っていろいろ聞いてみたら、母親が、お医者さんは大変だから東大の文系学部を薦めてくださいって先生に言ったみたいで。なるほどね、と思った出来事はありましたね。

ただ、もし文学部だったら、ロシア文学科に行きたいと思っていました。チェーホフが好きだったし、ロシア語という語学を学ぶことで、たとえば通訳とかそういうスキルに生きるじゃないですか。そんなふうに、大学とは何かを身につけるための場所、という感覚を持っていたと思います。父親が工学部を卒業して橋梁の設計をしていたこともあって、**大学というのは、できないことができるようになるために学び続ける場所**だと認識していました。そういう意味で、医学部は理系でいうと選択肢としてもってこいですよね。

だから、とりあえずいい学歴を得て、いいところに就職する、そのために大学を選ぶみたいな感覚は、1ミリもなかったかなと思います。

こんなひと

2

嫌がらせする人を達観して見ていた

物心ついた頃から大人に囲まれて育ち、大人と対等に話をしてきた経験から、子ども同士のいざこざも達観して見ていた。中学3年生のとき、内申点争いをきっかけに同級生から嫌がらせを受けてもやり過ごすことができたのは、「時間がたてば終わる」と思えたからだった。

10代までの人間関係はどんなふうでしたか？

もともと母親がお茶の先生をしていて、教室というよりも、母にお茶を習いたい人たちがうちに集う、お茶のサロンみたいな感じの家だったんですね。それで、うちのキッチンには**普通に誰か知らない人がいる**という状況だったので、小さい頃から社会性は豊かだったと思います。

どんな人とも話ができるし、いろんなことに興味を持って話を聞けるし、人見知りせず、物おじせずに尋ねることもできるし…っていう。小学校低学年くらいからそんな感じだったので、子ども同士でも、同学年とか上下の学年とのコミュニケーションには何も困らなかったですね。子どもの頃って当然のように喧嘩とかあるじゃないですか。そういうのを見ていても、幼稚だなと思っていたくらいなので。こういうこと言う子いるよね、みたいな。大人びたっていうよりはちょっと達観してるというか、そういう感覚はよく覚えてます。

同じラインにいないって言うとちょっと高飛車な言い方ですけど、**この年代の子はこういう感じだよね**、みたいな見方を当時からしていたなって思います。学校から帰れば、話をする相手も自分より年上がほとんどなので。ごく当たり前のコミュニケーションとして大人が話を聞いてくれるなかで、その**大人と同じような意見**をなんとなく持っていた記憶がありますね。きっとマセガキだったんだろうなと思います。

小・中・高とチームプレーの球技をされていたんですよね。

小学生のときは地域でソフトボールをやっていて、小学校ではバスケ部、中学がソフトボール部で、高校がバレーボール部でした。小学生の頃は部活っていうより、それが遊びの1つでしたね。当時、女の子の外遊びというとゴム飛びとかでしたけど、男の子はどちらかというと球技系が遊びだったので、その感覚かな。ひとりでタイムを出すとかそういうことは遊びとは思えなかったけど、当時の私にとって球技は遊びで。**みんなとコミュニケーションを取るなかにボールがある**みたいな、そういうイメージで遊んでました。兄と遊んでいたので、ボールを投げるのも兄とキャッチボールするうちにうまくできるようになっていて。その環境は影響していたと思います。

球技のチームプレーってお互いにカバーし合うでしょう。それがやっぱり、当たり前だけど大事だなってことは思っていました。1人では確実に勝てないので。知らないうちに球技の、しかも集団のスポーツばかり選んでましたけど、**人と関わり合いながら同じところを目指す**のというのが好きだったんだろうなと思いますね。集団スポーツは、ちょっとど根性的な当時の昭和の時代の感覚にもマッチしていましたけど、私の感覚としても、いい時間だったなと今でも思いますね。

中学時代は、今思えばいじめだったということに遭遇されたそうですが。

中学3年くらいですね。それは、当時は悩みでした。最初はちょっと意味がわからないという感覚だったんですよね。何が起こっているんだろうと状況を眺めてみて、これは私以外の誰かにはされていないし、嫌がらせであることは間違いないし、やっている子もわかる。どうしたらいいものかと思い、親にも、学校の先生にも話したし。親は心配してくれて転校の準備もしてくれました。

でも、だいたいストーリーがわかったんですよね。その子たちがなぜそうなっちゃったのかって考えると――。私が通っていたのは、国立大学附属の小学校・中学校で高校もあるんですけど、ほとんどの生徒がよりレベルの高い外部の高校を受験するんです。中学から入ってきた人は中学受験をして入ってきているので、きっと親からはいい成績を取って、いい高校へ行けってお尻をたたかれている。私立の中高一貫校だったらそのまま高校に上がっていたところを、この学校だとほとんどが高校受験をするので、せっかく中学受験をした人も、すぐに高校受験で内申点争いに巻き込まれてしまう。内申点というのは、点数ごとに人数の割合が決まっているので、クラス内でいい点数の取り合いになるわけですよ。私がクラスにいることで内申点5の枠が1つ減るって言われてたので、間違いなくこれなんだろうなと。

嫌でしたけど、**この状況はいずれ終わるし**と思って普通に学校に行ってました。ソフトボール部の友達もいたので、そのこと以外には何も困ることはなく。2学期が一番つらかったですけど、3学期ぐらいになると、嫌がらせも勢いがなくなってきて。進路の方向性がだいたい決まっちゃえば、本人たちもそんなところにエネルギーを費やしている暇もないというかね、そんなだったかなと思います。

昔から好きなタンタン、
フラミンゴ、おさるのジョージ

タワシでできているフラミンゴはいただきもの。おさるのジョージのぬいぐるみはうちにいくつかあるんだけど、小さいのを持ってきました。『タンタンの冒険』(福音館書店) のコミックシリーズは全巻持ってて、これはその1冊。タンタンに出会ったのは高校生くらいかな？漫画だけど内容が結構大人びてるんですよね。第2次世界大戦前からシリーズが始まっていて、タンタンはピストルも撃つし、グロいところもあるんですけど、愛犬スノーウィとの相棒的な関係とかも、いいんですよね。ベルギーの漫画家の作品で、おしゃれな雰囲気のイラストも好きでした。この『めざすは月』は月旅行計画の話ですけど、タンタンは世界各国から海底まで、いろんなところを旅するんです。そんな旅の様子を眺めてるのが楽しいんですよね。

こんなひと

3

好きなものは高校時代から変わらない

学校で心が揺れることがあっても、おしゃれを楽しむ姿勢は中学時代から現在まで変わらない。今の彼女のスタイルに通じるファッションを好きになった頃のこと、トレードマークの〝モヒ〟のイメージの源泉になっているタンタンとの出会いについて語ってもらった。

中学時代はいろいろありつつも、楽しみもありましたか？

その頃からもう**ラルフローレン**が好きだったので、そういうのは普通に楽しんでましたね。中学の制服はセーラー服でしたけど、ハイソックスをラルフローレンのワンポイントがあるものにするとか、そういうところから始めてて。旭丘高校に行ったら私服でOKだっていうことは知ってたので、ラルフのボタンダウンシャツを着て、紺ブレ着て、自転車乗って通学するぞ、みたいな。当時、流行り始めてたアメカジですよね。

旭丘高校に自由な校風のイメージを持っていて、それが自分に合うと思っていたんですよね。当時はたぶん県内で唯一、私服で通学できる高校だったんです。制服はあったんですけど、自由にすればよかったので、そういう点も自分には合うなと思ってて、早く高校行きたいなという感覚はありましたね。スカートも好きじゃなかったので、高校に行けばセーラー服じゃないし、**自由にジーパンとか履けるし**とか思っていて。

ファッションの好みは、その頃から今までずっと同じ感じです。でも高校のときはお金がないから新しいラルフローレンとかは買えないんですよ。親がたまに買ってくれるラルフローレンのワンポイントが入ってるセーターや靴下を大事にしてました。紺ブレが欲しくても買えないので、当時走りだった古着屋さんで買ってました。高校時代に古着屋さんで買った**VANのコーデュロイのジャケット**は今でも着ています。好きなものがちょっとずつ集まっていくのが嬉しかったし、それをいつまでも使える状態にしてるのが好きでしたね。

髪型は当時からショートヘアで？

そうですね。中学高校時代の髪型は、**昔のレゴの人形**みたいな、おでこから斜めに分かれてるショートボブ。母と同じ美容師さんに切ってもらってて、そこは特段しゃれっ気もなかったです。

今の私のモヒ（モヒカン）は、『タンタンの冒険』のタンタンのイメージってよくいろんなところで言ってますけど、タンタンは高校時代から好きでした。漫画の本は全巻持ってるし、ポスターも額に入れてうちにたくさん飾ってあるんです。なんていうか、**タンタンってすごく見慣れてる人**だから、あるとき美容室でカットしてもらう途中でモヒになったとき、あ、いいじゃないって思って、違和感はなかったです。ほら、このタンタンの絵、後ろ姿とか私のモヒにそっくりじゃない？

あと、洋服もね。タンタンは大人なんだけど、「男」じゃなくて**「男の子」っていう感じのファッション**で、そこがまたかわいいんですよ。黄色いシャツ着て、出かけるときは紺か黒のネクタイとか締めたりして。私の服装に似てない？　結構似てるなってよく思う。でもタンタンのほうが先輩なんですけどね。

こんなひと 4

気づけば「人たらし」と言われていた

人から慕われ、人間関係をうまく築いていくのが得意な彼女は、高校時代から「人たらし」と呼ばれていたという。相手の懐にするりと入り、信頼を得ることができるのは、上下関係にとらわれず、人と群れないところが奏功しているかもしれない、と自己分析する。

小・中・高校時代、学校ではどんな存在でしたか？

小学校も中学校も生徒会に入っていて、人前で話すのは当時から得意だったし、アドリブがきくというところはありましたね。あとは、人と人をつなげるということを、よくやっていました。高校時代くらいから、**人たらし**って言われていたんです。私に何かを頼まれると断れないとか、よく言われてましたね。話の持っていき方がうまかったのか、普段から恩を売っていたのか、わからないですけど。ただ、無理なことはまず頼まないので、相手が心地いい、気持ちいいと思うような頼み事を選ぶのもうまかったのかもしれない。**きっとあの人これ得意だよね**、みたいな。高校の同級生の男子に自転車を直してもらうとか、結構いい形でコミュニケーション取ってたなと思います。

たぶん昔から**人のことをよく見ている**ので、その人の得意なことがわかるんじゃないかな。ジムにトレーニングに行っても、人を見てますよ。あの人はこの部位を鍛えてる時間が長いな、とか。

大学時代はどんな過ごし方を？

勉強以外の時間は毎日楽しく過ごしてましたね。月水金はジムに行って、火木土は硬式テニス部の練習に行って、夏は屋外プールに行って…。前期と後期の試験前は、やっぱりすごく勉強しました。医学部って、人数が少ないからかもしれないけど、みんなで国家試験に受かろう、みたいなちょっとした団結力があるんですよね。試験前も、どうやったらうまく勉強できるかというまとめの資料を誰かが作って、そのコピーがバーッと出回ったり、そんな時代でしたね。

医学部は6年で卒業するんですけど、医師国家試験を受けるのが卒業直前の3月頭で、その合否が出るのが5月10日だったんです。合否が出ていない状態で4月の頭から研修医として働き始めたんですよね。合格率は6割強くらいで、合格した人はそのまま研修医として勤務する。

研修医としての勤務先は、自分が行きたい病院を選んで、受け入れられればそこで働ける、という仕組みで。研修医教育に力を入れている中部労災病院を志望して受かったので、そこで働きました。同期は8人でしたが、この病院に行けてすごくよかったと思っています。

2年間でいろんな診療科を回るスーパーローテートという制度のなかで、内科、外科、小児科、産婦人科は必須で、それ以外は自分で行きたい科を選べたんです。いろんな診療科の常識を、実際の現場で知ることができたのがよかったですね。

たとえば、私たち産婦人科医が消化器内科の先生に、患者さんの大腸内視鏡検査を依頼することがあるんです。そのときに、腸内を空っぽにしておく前処置が行われていないと、検査自体に意味がなくなってしまう。多くの科を経験することで、

AVOCET
OSPREY
Bianch

そういう常識を実感として知ることができて、すごく楽しい、いい期間でした。その病院のいろんな科の先生たちと出会えて、最初は何もできなかったところから、**どんどんいろんなことができるようになるのが本当に嬉しい**んですよね。

私を産婦人科に勧めてくれた先生がいて、その先生が「看護師さんたちとこんなに仲良く、うまくやっていける女医さんはめったにいない」と言ってくれたんです。私にとっては、周りにいる女子って本当に友達みたいな感覚で。仕事のつながりだから友達ではないはずなんだけど、でもその人たちと仲良くコミュニケーションが取れることは、自分にとって仕事上でも生活上でも間違いなくプラスだって思っていたので。打算と言われれば打算なのかもしれないけど、でも普通に考えて、**そこに同年代の女子がいれば当たり前に楽しく過ごすでしょ**、という感覚で看護師さんたちに接してきました。

でもたぶん、お医者さんのなかには、女医さんも含めて、医者は看護師より偉いみたいな、そういうスタンスの人もいないこともなかったと思います。それだと、特に女性同士ではよりうまくいかない、というケースを見ていたので先生はそう言ってくれたんだろうなと思います。産婦人科は患者さんも含めて女性ばかりの科なので。看護師さんとあれだけうまくやっていける人なら、産婦人科で絶対うまくやっていけるよと言われて、なるほどなと思った記憶があります。

自分を大きく見せようという意識がないんですね。

そうかもしれないです。医師国家試験に受かったという通知をもらったとき、嬉しかったと同時に、30万人いる医師のピラミッドの一番下に入ったという感覚だったんですよね。そう思ったのはたぶん、すでに4月から研修医として働き始めていたからだと思います。1カ月たった頃に合格通知が来たので、この**医者の組織の一番下を支える者**になったんだ、上を見れば死ぬほどたくさん医者がいるという世界に入ったんだなという感覚を持ったんです。医師免許を持ったからといって自分が偉くなったとか、そういう感覚は最初からなかったし、今もないです。それがよかったのかもしれないですね。

看護師さんたちと仲良くなるコツは、何かありましたか？

やっぱりね、**懐に飛び込む**ことかな。2年間のスーパーローテートの研修期間、順番にいろんな科に行くんですけど、私は小児科が最後だったんですね。当時、その病院の小児科は、研修医の先生を飲み会に呼ぶということをしていて、すでに小児科を回った先生たちは毎回呼ばれるのに、私は小児科が最後だから、いつまでたっても呼んでもらえないわけですよ。それであるとき小児科に行って、「私、まだ小児科を回っていないけど、**飲み会に行きたいです**」って言って、行かせてもらったんです。小児科の病棟の看護師さんも先生も、ひとりも面識はなかったけど、同期の研修医もいるので困らないかなと思って。

その飲み会でたまたま座ったところに、病棟のドンみたいな看護師さんが2人いて、お鍋を食べながら仲良くなったんです。その2人とは今でも毎年夏、一緒に宮古島に行ってますよ。そのくらい長く続く関係になれたのは、ご縁だなあと思いますね。

彼女たちは師長に昇進していく道ではなく、ずっと現場で働き続けるという道を選択している看護師さんなんですけど、歳は私よりも10歳くらい上で、すごくかわいがってもらいました。最初は研修医だろうが、たとえば赤ちゃんの点滴なんてできないわけですよ。そういうのを全部その人たちに教えてもらって、1つ1つできるようになったら褒めてもらって。

そんな看護師さんたちと、病院のクリスマス会で何かやりたいねということになって、ハンドベル部を作って一緒に発表したりね。本当に楽しい時間を過ごさせてもらいました。それができたのはたぶん、私が本当に他意なく、**無防備な感じで飛び込んでいった**からだと思うんですよね。どうしたいこうしたいという下心もなく、働く仲間だよねという感覚でいたからかなと思います。

人といい関係を築いてきたなかで、苦手だなあと思う人がいたことも？

大学院時代は本当に大変でした。私は慈恵医大の大学院に入ったんですけど、私が入学した年に臨床大学院という仕組みができて、それに入ったんですね。それまでは大学院に入った医師は研究しかしないという仕組みだったのが、臨床大学院では研究をしながら外来診療もする、手術もする、当直もするという状況で、しかも大学院の学費を払っていて、お給料は出ないという…。

そんな数年間で、同じ医局の先生たちには本当にかわいがってもらって、「大学院中退っていう最終学歴もあるぞ」とよく言われていて、そのくらい大変だったんです。

当時、私を指導してくれていた先生が、すごく真面目で厳しい先生だったんです。診療や当直もしながら研究や論文の準備をしなくてはいけないなかで、私にあまりに余裕がなさすぎて、その先生のことが怖いとか苦手だなと感じていましたね。本当は、忙しいなかでも論文をしっかり読んで、それが自分の研究に生きるようにしないといけなかったんですけど、そこまで時間的にも気持ちの面でも余裕がなくて、という時期だったなと思います。当たり前ですけど、言ってくれていたことは正しいし、先生がいたからこそ論文も出すことができて、ちゃんと大学院を修了できて今に至っているわけなので、その先生には本当に頭が上がりません。

今はもう買えない「にゃー」のリュック

移動はほとんど自転車なので、バッグはリュック派。この黒猫の顔のリュックは「にゃー」というブランドのものですが、2021年の初めにブランドが休止してしまったんです。コロナ禍の経営環境の変化で、ということで仕方がないなと思うんですけど、大好きなブランドだったので本当に残念で。私がお金持ちだったらブランドごと買い取りたかったってお店の人にも言ったくらい、好きだったんですよね。もう新しいものは手に入らないので、大切に使ってます。

人間関係で苦手な場面はあったりしますか？

人同士がもめているのを放っておくことができない、正義感が若干強すぎる、そういうタイプです。誰かがもめていると、どうにかしなきゃと思って、わざわざ首を突っ込みに行っちゃって、後から考えたら放っておいてもよかったのかな、みたいな経験はちょいちょいありますね。

正義感でいうと、愛知県から東京に来て数年目くらいのときのことですけど。ＪＲのターミナル駅とかの混雑するホームで、横に3人ずつ並ぶように線が引いてあるじゃないですか。3人並ぶところに2人しか並んでないところがあって、その後ろから3人ずつが並んでいた列があったんです。その2人の並びの脇に後から来た人が割り込んできたことがあって。そういう人に注意するタイプだったんです、私。でもそのとき一緒にいた人から、「相手が逆切れしてくる可能性もあるし、危ないからそういうことはやめてほしい」と言われて、やめるようにはなったんですけど。どちらかというと中途半端に正義感が強いほうです。

誰かを怖いと思うこともあまりないので、**上下関係も気にしない**タイプですね。私が中高生だった昭和の時代って、やっぱり部活なんかでも結構、上下関係は厳しかったんですよ。でも、私はあまり上から厳しくされたり、下に厳しくしたりすることもなかったかな。先輩に対して、怖いっていう感覚で接していないので、さっきの看護師さんたちとの話と同じように、懐に入れてもらって、かわいがられていたように思います。

懐に入れてもらう秘訣ってあるのでしょうか。

私の場合はたぶん、普段から**誰かとつるむっていうことをしていなかった**からかな。単独行動というか、一匹狼というか。そういうタイプの私が話しかけると、向こうとしても「何？」みたいな警戒する気持ちには、あんまりならないのかもしれないですね。

女の子って結構、つるむじゃないですか、思春期くらいから。男の子はあまりグループみたいなものはなかったように記憶してますけど、女の子って1人でいる子ってそんなにいなくて。私は、仲良くしてた子はいたけど、柔らかいつながりばっかりだったんですよね。**どのグループにいても違和感はないけど、いつもそこにいるわけじゃない**みたいな。常に誰かと一緒に行動してとか、そういうことはほとんどしなかったです。

仲良くしてたのはバレーボール部の子でした。そういう距離の近い友達とは今でも年賀状を出し合ったりするような仲になってますけど、たとえば誰かと2人きりのグループで、私がふらっとどっか行っちゃってその子が困っちゃうとか、そういうことはなかったですね。

大人になった今の年代で、仲のいい友達はどんな人が多いですか？

ほとんどがジムがらみですね。仕事関係だと、昔一緒に働いていた人とはすごく仲良くしていて、当時のままの関係性で続けられていますね。

ここがすごいなって思う部分がある人だと、私が**興味を持って寄っていく**んですよね。たとえば、SNSの上げ方が上手だなとか。そういうところからコミュニケーションを持つうちに仲良くなって、みたいなことが多いです。仲良くなる人は、相手もたぶん私のことをどこかしら尊敬してくれてるように感じるかな。

そういう人たちに、**私ができないことを普通に頼みますね**。たとえば、ごはんのおかずを何品目も作るとかって私は器用にできないので、それを素直に言うと、おかずを作ってきてくれたりするし、助かります（笑）。

こんなひと

5 「あなたのいいところを私は知ってるよ」

インタビュー中、同僚が近くを通ると「おつかれ！」と声をかける。「一緒に働く人たちのことは好き」と言い切る彼女は、仕事仲間をよく観察し、声をかける労力を惜しまない。「その人のいいところを見る」という姿勢は、自身の個性を肯定されてきた経験に育まれている。

日々、自信を持って仕事に臨むためにしていることはありますか？

よく寝ることですかね。私、今は取材でも講演でも、ほぼ下準備がいらないんですよ。それがきっと、ラクな状態を生めている理由だと思います。たとえば前日に何か調べなきゃとか、毎回スライド作ってとか、そういうことが必要な案件はもう、ほぼないんですね。世の中の人が私に聞きたいと思ってくれていることに、期待値の180％くらい話せる状態で臨むので、もしも講演会場にパソコンを忘れて行っちゃったとしてもたぶん講演はできるんです。取材で聞いてくれることでも、専門外の分野でわからないことはわからないって言えばいいわけで、特段困ることってほとんどないんですよね。それが、診療をしながらいろんな仕事を受けるという今の体制を続けていける理由だと思います。

もちろん新たにスライドを作るときもあって、

それは主に学会で発表するときですね。学会で使うスライドは、一番新しくて信頼できる論文からデータを取ってきていたりします。それをまた次の市民講演とかに使えるので、本当に準備がいらないんですよ。私の専門分野で何かを話す場合、**着の身着のまま行けばどうにでもなるという状態にしている**ことで、負担がないし、クオリティーも維持できる。世の中が求めてくれていてる分、たくさん依頼を受けてもたくさん応えられるという、需要と供給がマッチしている状態なんだろうなと思います。

最新情報は常に勉強したり、キャッチアップを？

それはね、私たちにとっては学会というものがあるのがとてもいいんです。学会を利用できるって本当にありがたくて、なぜかといえば、基本的に信じられる情報だから。世の中にはいろんな学会がありますけど、私が行くような学会で発表されていることって、ほぼ信じられるんです。私は、日本産科婦人科学会、日本女性医学学会、日本抗

加齢医学会、日本臨床スポーツ医学会と、年に4つの学会の学術集会に行っていますが、もともと専門としている分野で得ていた知識が新しくアップデートされるだけだから、情報のキャッチアップもすごく大変ということはなくて。学会の発表は分野が幅広いので、自分の分野に関わるところを中心に、大事なところを押さえるという感じですね。

普段の仕事上のコミュニケーションで意識していることはありますか？

一緒に働く人たちのことは好きですよね、基本的に。いろいろと助けてくれる存在ですし。その人のいいところを見ようとする姿勢が大事かなと私は思っていて。誰にでも、ちょっとよくないところってきっとあるんですけど、**いいところを出しやすいような職場**にしておくことが、次に来る人にとってもすごく大事で。人って誰でも、ちょっとよこしまな心を持っているんですよ。ズルしようとか、ラクしようとか、端折ろうとか。だけどそういう気持ちを発揮しにくいような場をつくっておけば、新しく来た人も、絶対にその良い色に染まるんですよね。そういう空間にしておくことが大事だなって、いつも思っています。

人が8対2くらいの割合で、2のほうでちょっとよこしまな心を持っていたとしても、8のほうを出しやすいような。「ここでは2のほう出しにくいな」という場を、前もって準備しておくのが大事だよねと思うんです。今、私がいるイーク表参道には立ち上げのときから参加していて、これまでずっと新しく来る人を受け入れるという役割だったので、そういう思いでいつもいますね。

人の、いいところを見る。たぶんね、よくないところって、わざわざ指摘しなくても本人もたいてい気づいていて。どうしようもできない場合もあれば、どうにかすればよく変わっていくという場合もあるんですよね。

急激によく変わっていくということが難しかったとしても、この職場にいる間にこれくらいよくなったらいいよねぐらいの目標設定の人もいるんですよ。たとえば4年くらい勤めたとして、辞めるときに1カ所だけよく変わっているくらいでいいよね、みたいな。人の成長促進について、そういうイメージは持ちながら過ごしていますね。

　たぶん、（副院長である）私が言う言葉って、一緒に働く人たちにとって、めちゃめちゃ重いんですよ。だから、今、言ったほうがいいというときには必ず声をかけるようにしてます。だいたいその人がちょっと、くちゃっとなっちゃったときですかね。**こういういいところがあるっていうことを私は知ってるよ**って。

素敵ですね。それができるのはご自身もそうされてきた経験があるから？

そうですね。やっぱり私、**ちょっと変わっている人という感じで育ってきている**ので。変わっているという状態を否定されて育ってきたとしたら、こうはなれていないと思うんですよ。

　自分が変わっているのかなと思い始めたのは、小学生くらいからですね。社会科見学か何かで水族館に行って魚の絵を描くというときに、みんな焼き魚みたいな横向きの魚を描いてたんですけど、私は正面から魚を描いたんですよ、魚の顔の正面を細い形で。そしたら、やっぱり変わってるよなって美術の先生に言われたことがすごく記憶にあって。たぶん小4か小5くらいですけど、それはよく覚えてます。そうかぁと思って。

　別に、人と同じことをするのが嫌というタイプでもなかったんですよね。たとえば自分の好きな色がピンクで、ピンクのこれを選びたいという気持ちがあったとして、他にピンクを選ぶ人がいても全然なんとも思わなかったし。

　あとは、さきほどもお話ししたような群れないところは、人と違ってましたよね。クラスのなか

愛用の靴は
トッズのローファー

今日の服は全身ラルフローレンですけど、靴はトッズが好きです。トッズのローファーでも、コバっていう靴の底面が周りに張り出ているタイプが好きで。トッズの靴は、底にボツボツがついているドライビングシューズが多いんですけど、それだとコバが張り出ていなくて。トッズのお店でコバが張り出ているローファーを見つけていいなと思ったら買うようにしています。

で、私のように**渡り鳥みたいに過ごしている人**はあんまりいないなと思っていたので。「そういう状態でもいいけど、そういう状態じゃなくても別にいい」みたいな感覚は持ってましたね。

　たとえば、クラス替えとかでみんながワーワー言うじゃないですか。仲いい子が一緒じゃないことが、この世の終わりみたいな感じになるんですよね、一時期って。だけどあんまりそんなことも気にしてなかったので。ドア開ければ隣のクラスじゃん、くらいに思ってるタイプだったから。だからそういうところは、たぶんみんなの感覚とあまり一緒じゃないんだなとは思ってました。

　でも、いろいろ変わっているなりに、**みんなが私のいいところを見てくれた**から、よかったんですよね。いいところを伸ばせて、イマイチなところにはとりあえず目をつぶる、みたいな形で。

　特に医者になって最初の数年を過ごした病院で一緒に働いた産婦人科の看護師さんとかは――さっきの話は小児科の看護師さんですけど――あと助産師さんたちは、本当に私のいいところを見てくれていたと思います。

　だからそういうありがたい思いはやっぱり、次にね、うまい形で回したいですよね。そう思ってます。

こんなひと 6

すべてのことは自分で選べる

不調になった人が病院に来るのを待つのではなく、自分から働きかけていく。「待ち」から「街」へという理念を立て、産婦人科医として独自の活動を続けてきた。どんな環境に身を置くか、どんな人でいるか、すべて自分で選べると言う彼女の「行動する力」の足跡をたどった。

産婦人科医として、ご自身の立ち位置をどうとらえていますか？

まずは、慈恵医大という大学を離れたことは、1つの転機だったと思います。

大学の医局に属しているという状態は、私たちの業界では、信頼以外の何物でもないんですね。大学に籍があると、いわばなんでもできる。大学を離れるとできなくなる一番大きなものが研究なんですよ。私が今いるようなクリニックでも、患者さんのアンケートを集めて調査とかできるんじゃないかと思われるかもしれないけど、臨床研究って倫理審査委員会というものを通さないとできない、研究として成り立たないんです。大学とか大きな医療施設には委員会があるけれど、クリニックにはない。クリニック単位で何かを研究するっていうのは本当に難しいんだなということを、大学から離れて初めて知るんですよね。大学にいる間には、そのありがたさを1ミリも感じていなかったんですけど。とはいえ、大学を離れなかったら私は今のような活動はできていないので、いいタイミングで離れたとは思うんですけどね。

私が医者として駆け出しだった2000年くらいの頃って、テレビとかメディアに出ているお医者さんといえば、「医師免許を持った芸能人」というイメージの方がほとんどだったんですよね。なので、そういうテレビの中のことは、自分とは全く別の世界だと思っていたんです。でも、そこからだんだんと、インターネットの情報があっというまに手に入るようになって、「今の話って本当？」みたいな、一般の視聴者がメディアに対して疑問の目を向けるという時代が来たじゃないですか。そこでやっぱり、メディアに出る人もある程度、医学的に正しいことをきちんと話せる人じゃないと、という流れになりましたよね。2015年とか、それくらいからかな。

そんな頃、私はもうすでに大学を離れていて、**3つの柱を立ててやっていこう**と最初から決めていたんです。1つ目の柱が、確かな知識と経験のある真っ当な産婦人科医であること。2つ目の柱がスポーツドクターで、スポーツドクターの延長線上でヨガを指導できること。そして3つ目が、働く女性を支えていく産業医。これだけの役割を担える産婦人科医は他にいないよねという存在になれたら、とイメージしていたので、今の私のあり方はある意味、予定通りなんです。

ヨガが好きで続いてきたこともラッキーだったと思います。ヨガを始めたのが2003年くらいで、今から10年ほど前の2013年くらいから、診療以外の仕事を始めているんです。病院で患者さんを待っていても、**皆さん、結構しんどくならないと病院には来ないよね**という感覚が、特に大学病院にいるときにはあったので。もうちょっと何かできることないかなといつも思っているなかで、興味があったのがスポーツだったんです。自分もスポーツが好きでずっとやってきていたので、調子が悪いときに頑張ったって意味ないじゃんとか、調子がいいときに試合に出たほうが結果出るじゃんとか、そういう感覚が普通にあったんですね。でも、当時のスポーツの現場ではそういったことは言われていなかったんですよ。

だからそれをどうやったら伝えられるんだろうなと思って、スポーツドクターの資格も取ったし、スポーツブランドのアンダーアーマーの会社に打診をしてアドバイザリードクターになったし。スポーツの分野で動いていたら、東京オリンピック・パラリンピック開催が決まった２０１３年より前に、国立スポーツ科学センターから女性アスリート育成・支援プロジェクトのメンバーとして声がかかったんです。

ここ数年、働く女性の産業医に注目が集まってますけど、私は２０１１年から産業医をやっているので、もう10年以上になるんです。**これは絶対、必要だよねと思って始めた**ことが追いついてきているみたいな、そんな感覚はあります。

今の私を大学にいる先生たちから見たら、楽しいことやってる、みたいに見えるのかもしれないです。大学の後輩たちからも、私がすごく楽しそうというふうに見えているのかもしれなくて。慈恵医大には「ＪＯＹ ＪＯＹ ＣＬＵＢ」という女医の集まりがあるんです。私が作ったんですけどね。女医がＪＯＹする会なので、ＪＯＹ ＪＯＹ。コロナ前までは年に1回くらい、ちょっとしたおしゃれなごはん屋さんを借りて、私の20くらい上の先生から、医者になって数年目くらいの若い先生まで、慈恵医大の医局に関係のあった女医さんが集まるという会なんですけど。そういったところでは、先生うらやましいとか言われることが最近は多いですね。

私が大学から離れた当時は、私のように大学院を出る人の割合は決して多くはなかったので、「大学院も出たのに、研究じゃなくてそっちに行っちゃったのね」みたいな見方がたぶんあったと思うんですよ。先生方、特に直接指導してくれた先生方には。そっち行っちゃったのねっていう

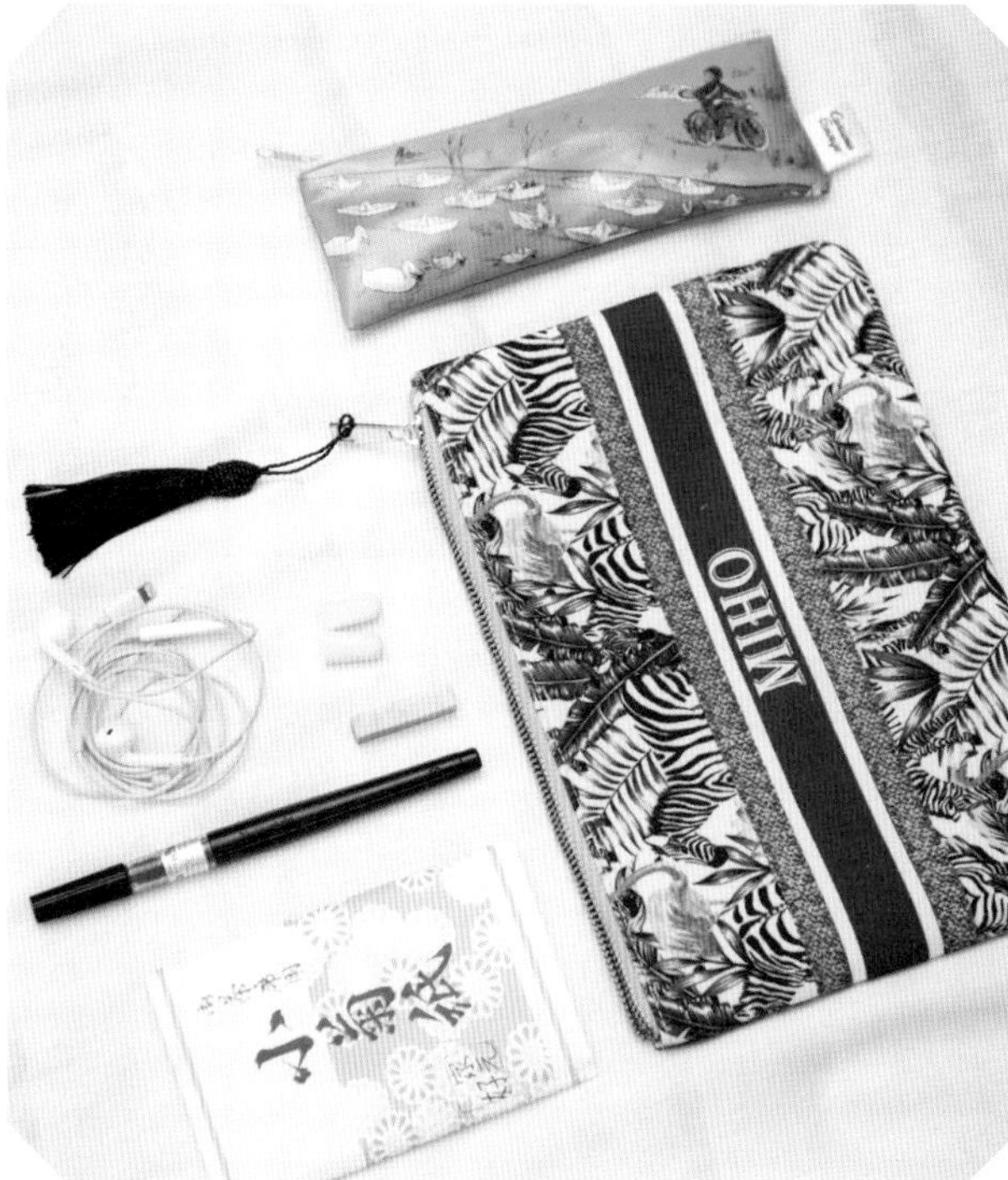

筆ペンと懐紙、耳栓は、いつも手元に

よく持ち歩いているもの一式。MIHOっていうイニシャル入りのフラミンゴ柄の大きいポーチと、おさるのジョージのペンケースはお気に入り。小菊紙というのは、お茶席で使う懐紙ですね。お茶の先生をしている母親に送ってもらっていて、和紙として使っています。この紙に筆ペンで文字を書いて、人にあげるんです。年始の初ヨガのイベントに来てくれた人に、三文字熟語の目標を立ててもらうんですけど、立ててくれた目標を私がこの紙に書いてお渡ししてました。筆ペンの隣にあるのが美穂の「美」の印鑑で、文字の脇にこれを押すと、白黒からカラーになるので、よりいい感じに見えるんですよね。黄色いのは耳栓。新幹線や飛行機で移動するとき、あとジムの待ち時間とかに仕事するときは絶対に耳栓してますね。周囲の音が聞こえなくなるだけで自分の世界に入れるので、好きなんですよね、耳栓。

のは、簡単に言うとアカデミックではなく、楽しそうなメディアがらみの仕事というとらえ方だったと思うんです。

でも今になって、そういう見方が変わってきている感覚があって。私たち産婦人科医にとって一番大きな学会が日本産科婦人科学会なんですけど、その学会から依頼があって、２０２３年６月から私、広報委員になっているんです。

きっかけは、私がＮＨＫの『あさイチ』に出演したときに学会を紹介したことなんですよね。どういうお医者さんに相談したら更年期の問題が解決するかというテーマのときに、日本女性医学学会のホームページに専門医の先生が１０００人以上載っているから、近隣のその先生にかかると解決するかもしれないという提案をしたんですよ。そうしたらその時間帯に、日本女性医学学会のホームページにアクセスが増えすぎて、サーバーがダウンしたんですね。日本女性医学学会の副理事の先生が、まもなく日本産科婦人科学会の理事長になることが決まっていたんですけど、その先生が私のテレビでの紹介をすごい影響力だとお感じになって、声をかけてくれたんです。医者が発信していることは本当に伝わってほしいことなのに、全然伝わっていないから、そこをしっかり伝えられる人と仕事をしたいと言ってくれて。

学会から依頼が来る先生って、一般的には大学に属している先生なんですよ。当たり前ですけど、学会もアカデミアですから。だけど今回のような形でまた縁が戻ってくる、私が大学から離れても必要とされるというのは、やっぱり**同じことをずっと続けてきたから**だなとは思っています。アカデミアの世界だけで壁をつくらない、そういう流れになっているんでしょうね。

産婦人科医のグループも女医のグループもいろいろあったりするんですけど、私はどこにも入っていなくて。そういうところも、周りから見れば、ひとりでよくやってるなと思うのかもしれないですね。でも、私と一緒に仕事したいと言ってくれる人が手伝ってくれていたりするし、取材とか本の出版で一度仕事をした人がまた一緒に仕事したいって言ってくれたりもするし。そういう人たちに支えられて、自分のしたいことが続けてこられてるなという感覚はすごくありますね。

私たち医者の世界で、大学を辞めるっていう決意は、やっぱり並大抵のことではないんです。実家が開業医の人とかは別ですよ。でも、私のように東京なら東京で、所属していた大学と同じ地域にいながら大学を辞めてという選択は、結構後ろめたいような感覚になる世代なんですよね。最近の若い世代のお医者さんたちはそんなことはないと思うけど。だから学会に行くとやっぱり、アカデミアではなくなっちゃったなと感じることはありますよね。

それでも最近は、働く女性を支えるという分野での研究を、日本女性医学学会で発表する機会を持つことができました。そういうテーマの発表って今はまだほとんどないので、新たな分野として。なので、**産婦人科医ってこういう形でも役に立てるよ**、みたいな面をね、他の先生たちにも知ってもらえるといいのかなって思っています。

音声配信などでいろんな悩み相談を受けられていますが、世の中の人に「こんな感覚を持ってほしい」という思いはありますか？

結局私たちって、**すべてのことを自分で選べる。**そういう感覚を、みんながもっと持ったらいいと思ってるんですよね。日々、どんなふうに過ごすか、どう働くか、誰とどういう時間を持つか——そういう感覚を持つかどうかも、自分が選ぶかどうかなので、自己責任論みたいなとらえ方をされてしまうかもしれないけど。でも、最終的にはそこなんだよねって気づいてほしい、早く気づいてほしいです。特に今は、どんな生活をするかによって、かかる病気すら変わっちゃうくらいの時

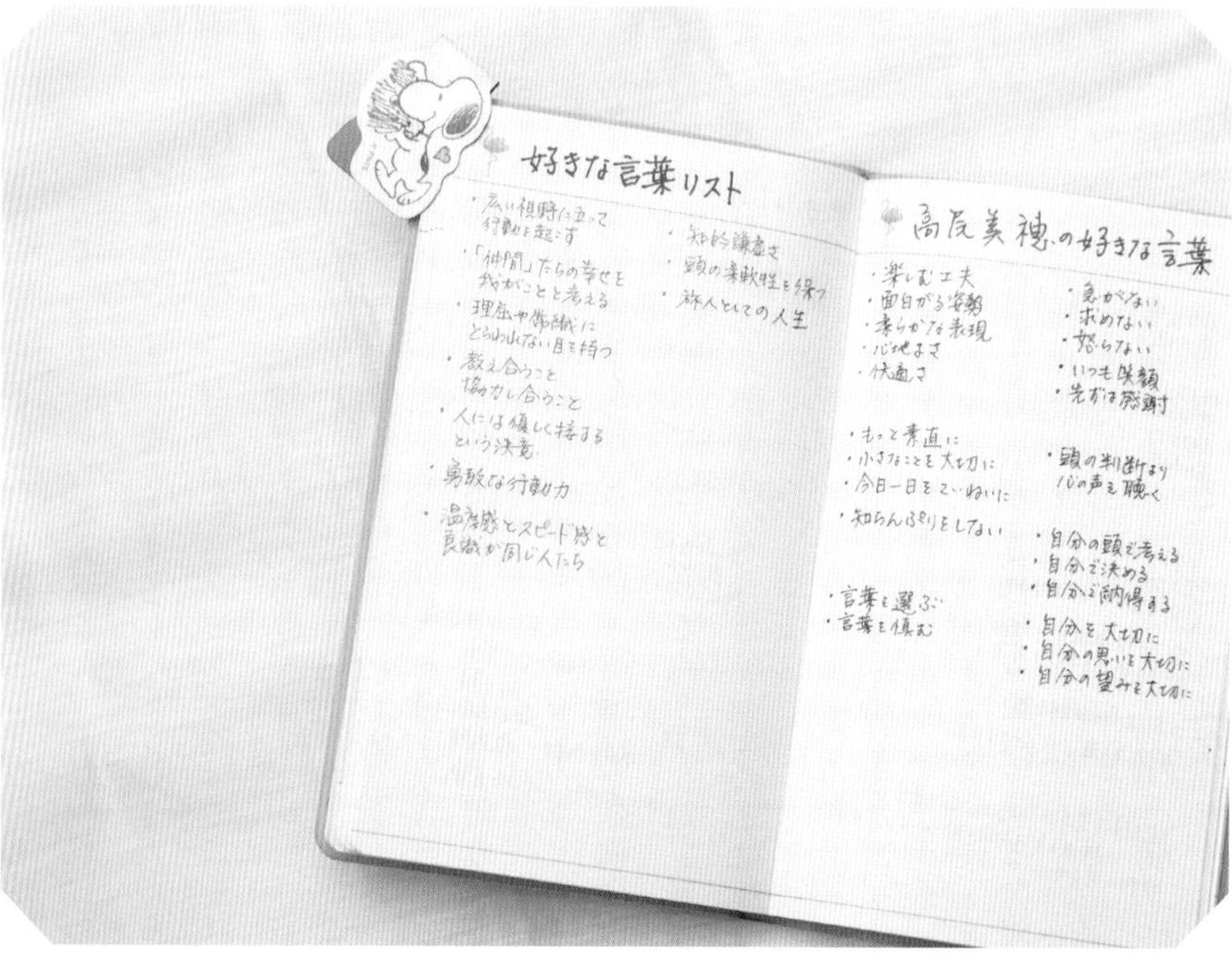

「好きな言葉」を
みんなに集めてほしい

「TEAM FLAMINGO」という名前で高尾美穂オリジナル手帳を作っていて、これは初めて作った2023年版の、私が使用しているもの。右ページの「高尾美穂の好きな言葉」は見出しも言葉のリストもすべて印刷してあって、左ページは「好きな言葉リスト」という見出しだけ印刷してあります。ここに書いてあるのは私がこの年に書き出した言葉ですけど、手帳を買ってくれた人が好きな言葉を書けるようにしています。好きな言葉、心に響いた言葉を手帳に書くのは昔から好きで、皆さんにもそういう習慣を持ってもらえたら嬉しいなと思って、このページを作りました。

代だから。

小さな選択を大事にして、ちゃんと選んで、それが積み重ねられて、今の自分ができていくという感覚を持ってくれたらな、ということをいつも思ってます。たとえ今までにイマイチな選択をしてきちゃったとしても、人生に遅すぎることはないので、いつでも選び直せるんです。

これをすることで何かが変わるという感覚を味わってもらえると、きっと続けられると思うんですよね。たとえ1回2回は挫折することがあっても、やっぱり動いてみないと、その何かが変わったっていう感覚は実感できないと思うから。気になっていることは、何かからやってみたらいいいんじゃないかなと思って。

健康とかメンタルの話ではないんですけど、私が最近、してよかったなと思っているのは、通信プランの見直しなんです。自宅のネット環境を新しい事業者に切り替えるという手続きのなかで——うちは電話機はつないでいないんだけど、固定電話の番号を持っていたんですね。好きな数字が並んでるいい番号だったから持ったままにしていて。なんだけど、それは鳴らない電話なのに、ナンバーディスプレイサービスとリモートサポートの料金を毎月払い続けてたんですよ。12年間で16万円くらいになっていて、まあまあショックな額で——なんてことに気づいて解約できたからよかったけど、そういうのもたとえば一度ショップに行ってみて、携帯と固定電話のプランを確認できていれば、もっと早く気づけたかもしれない。

このことをSNSで発信したら、私もそういうアクションを起こしてみましたという人がいたりして。やっぱりそういうことが大事なんだと思う。お金が無尽蔵にある人だったら無駄な支出を放置していてもいいかもしれないけど、他の形でお金が使えたんだったらね、悔しいじゃない。

こういう話を聞いて、「そんな話もあるんだ、ふうん」で流れちゃう人と、「そんな話もあるんだ、自分はどうかな」と思う人とでは、有益なこととか、快適さとか、いろんなことが絶対変わってくるよってことなんです。何かを聞いたとき、そこになんとなく**ひらめきみたいなもの**を感じてもらえるといいなと思う。そのひらめきってたぶん、ある程度余裕がないと感じられないと思うのね。時間的な余裕とか、体力的な余裕がないと。

　だから、今ひらめけなかったとしても、また次のときに私が同じような話をして、そのときにひらめいてくれてもいいんです。だから、**ずっとずっと何かのアクションを私は起こし続けたいな**と思う。どういうタイミングで受け取ってくれるかって、本当にその人次第だから。

人間関係もきっとそうなんですよね。自分で選べる。

　自分で選べるということと、もう1つ大事なのは、時間がたっていくと、そのままの状態ではなくなるということ。私の中学時代のいじめの話もそうですけど、状況って確実に変わるんですよ、それぞれの立ち位置とかも。

　たとえば子育てでも、3年たてば子どもが3歳成長するんですよね。それぐらい大きく変わるんです。だから子育てに悩んでいる人も、今のまんまがずっと続くっていう**絶望感は持たなくてもいい**ような気がする。自分にできることは粛々とやりつつ、自分にはどうにもできないことも多いじゃないですか。その部分については半分諦めの気持ちも持ちながら、でも全体像は変わっていくという前向きなイメージを持って。

　人は間違いなく変わっていくし、そこに関わる誰かも変わっていくし、世の中全体も変わっていくから。悩みの渦中にいるときは、ずっと同じような膠着《こうちゃく》状態に見えるかもしれないけど、**ちょっとずつ変わっていっているはずだからね**っていう気持ちは持っておいてくれるといいかなと思っています。

こんなひと

7

私たちは助け合って生きていく

生涯独身の人や、離婚する人が多くなる一方、平均寿命がどんどん延びているなか、「これからは家族以外の人と助け合っていく社会になっていく」と言う。家族以外の仲間と頼り合うこと、晩年につくりたい基金——彼女が思い描く将来像を語ってもらった。

この人の生き方がかっこいいいな、と思う対象はいますか?

生き方だと、オードリー・ヘプバーンかな。晩年はユニセフ親善大使として活動されていましたよね。自分が人生で十分に頑張れたと思う人は、最後はそういう立場へ向かうような気がするんです。困っている人の役に立ちたいという思いが強まる、その感覚は私にもすごくあって。その意味でオードリー・ヘプバーンの人生の流れには納得するものがあります。私とはかけ離れた人だから、なかなかそんな人生は歩めないですけど。

でも、**自分が何かの役に立つという感覚**って、人が生きていく支えになるんですよ、絶対に。誰かの役に立てているって思えることは、たとえば自殺してしまいたいと思っていた人をも救うだろうし。社会のなかでそういう感覚を持ちにくくなってることって、すごく課題だと思うんですよね。そうなっている理由はたぶん、対面でのコミュニケーションが減っていることもあるだろうし、コミュニケーション自体を持たなくても過ごせちゃうこともあるだろうし、お互いに余裕がないこともあると思う。だからもっと人に頼るとか、そういう感覚をみんなが持ったらいいのになと思います。

人に何かを頼るときってたいてい、そのことが得意な人に頼るじゃないですか。頼られた人にとっては、頼った側よりもはるかに簡単にそのことができるはずなんですよ。頼られたほうもきっと嬉しいだろうし、頼ったほうはもちろんありがたいって思うだろうし。そういう交流、**気持ちの交流**が減っていっていることで、なんだか寂しい社会になっているんだろうなってすごく思うんですよね。

きっと世の中って、ある部分ではこれからまた、かつてのあり方に戻っていくと思うんです。今まで社会が大きく膨れた分だけ。日本は特にもう人口が減っていっているので、**広げた風呂敷をちょっとしぼめる**というか、そういう時期にもう入っているはずなんですけど。

一度広げたものを小さくしたくないという意識も、世の中の人にはあるんだと思います。だから、人が足りないところはAIを使ったり、海外の人に働いてもらったり、ということになっちゃってるけど、たぶんそれでも全然無理な状況になっていく。だからきっと、昔の生活に戻っていくと思うんですよね。スーパーも24時間開いていなくていいし、電車だって終電を夜11時半くらいまでにすればいいし。太陽が昇ったら起きて、日が沈んだら眠るという生活に、多くの人が近づいていったらいいと思うんです。

たとえばお墓にしても、江戸時代くらいまでは亡くなった人を埋葬して地域でお葬式をするような風習だったのが、ある時期から一般の人もお墓を立てるようになり、何々家のお墓に入るという形になって。それも今では守る人がいなくなってきて、墓じまいをする人が増えてきましたよね。

15年くらい乗っている
ビアンキの自転車

ビアンキの自転車は2台持っています。これはもう15年くらい乗ってるんですけど、売られているものをそのまま買ったのではなく、パーツを組み合わせて買っているんです。サドルもチェーンも選んで、ペダルはあえて赤にして、自分のお気に入りを組み合わせていったもの。だからもう売っていない部品があって、外れてしまいそうな泥よけを養生テープで留めてます。あと、このベル、すごくいい音がするの。タイヤはもともと赤いラインが入ってるのにしてたんだけど、コロナの間にパンクして、チューブが輸入できなくて、仕方なく黒に。ビアンキのもう1台は、本国のイタリアで組み立てたものを送ってもらったんですけど、SHIMANOっていう日本の自転車部品メーカーの部品が使われていて。イタリアのビアンキが選んでいる部品もSHIMANOだったんだと思って、ちょっと嬉しかったです。

お墓をなくしたら、骨壺をお寺や霊園に預けるようになる。これってある意味、昔の状態に戻っていますよね。

かつてはもっと、家族じゃない人にみんなが世話になっていた時代がありましたよね。これからの時代、一緒に暮らす家族がいない人もますます増えていくので、**周りにいる家族じゃない人の世話になっていく時代**がもう来てると思います。そういう感覚を持ったほうが、みんなもっとラクだろうなと思いますね。

ご自身も家族以外の人に頼ることが多いですか？

私が家を空けるとき、3人の猫様たちのお世話を頼んでいますね。今は結構いろんな人に家に来てもらっています。数年前から仕事で3回ほどケニアに出張していて、最初は親に来てもらっていたんですけど、2回目からは友達に来てもらっています。ヨガの仕事で知り合った人と、ジムで知り合った友達の**2人でシフトを組んでもらって**。みんなもう猫とのコミュニケーションが取れているので、私がケニアに行っている間は猫の係をやってもらうという体制になっています。

なので、そういう人たちがやっぱり、私にとってはこれから本当に必要になってくるんだろうなって思ってます。最近のお正月も、ちょっと暇な時間があったので、猫係のうちの1人の友達の家に行きましたよ。彼女は夫と子ども2人と、ご両親も一緒に住んでいて。そこに、彼女のお姉さん家族も来る、ママ友の家族も来る、みたいな日があったんです。私も行っていい？とか言って、そのおうちに行って、なんだかんだでみんなで楽しい時間を過ごさせてもらい、こんなふうに過ごすのも全然悪くないなと思って。こういう**ちょっとしたずうずうしさ**って大事だなって思いました。

自分の姿勢次第で、いろんな過ごし方ができるんじゃないかなって思います。お正月にひとりでつまんないな、今日どこもやってないなみたいな感じで24時間過ぎちゃうような人もいるかもしれない。でも、ちょっとお邪魔かもしれないけど、この人のおうちに行っちゃってもいいかなみたいな、そういう気持ちでトライしてみると、意外と受け入れ態勢は悪くないですよ。大勢の場に1人ぐらい増えてもね。私も最初は、この人誰だっけ？くらいの感じから始まったけど、最後には普通に一緒にジェンガとかやって楽しく過ごせたので。

ひとりの人たち同士が来ていて初めましてという感じになるパーティーとかは苦手ですが、仲のいい人がいて、その場にいる人同士はもう知っている仲で、そこに私がぽんと入るだけという状態は、特に違和感はないんです。**私のことをわかってくれてる場**というのがいいのかな。

あとは、私が普段からありがたいなって思っている人たちに年に1回くらい声をかけて、みんなで楽しくやってもらって、みたいな場をつくるのも好きですね。

ご自身が誰かの役に立つという面で、今後やりたいことは？

やりたいことはね、私がたくさん買って持ってる本を、できれば**「〇〇文庫」**みたいにしたいんですよ。物理的に東京でしかできないかもしれないけど、私の蔵書を、読みたい人が読んでくれたらいいなって思ってます。

あと、お金を稼いだらそのお金で、経済的な理由で**学びの道を諦めている女性のための基金**をつくりたいんです。あしなが育英会っていう、親を亡くしたりしている子どもたちのための寄付団体がありますけど、その女性版みたいな感じで。特に高等教育を対象にして、医学部に行きたいけどお金がなくて行けないとか、そういう子どものための基金ができたらいいなって思ってます。とりあえず私が死んだら、遺産をそういうふうに使ってもらうようにしてあります。

高尾美穂

一問一答

Q 10代までに夢中になった本は？

A 江戸川乱歩や落合信彦さんの本

小学校の図書室の本はほとんど読んでるくらい本好きだったんですけど、なかでも好きだったのは江戸川乱歩の本。少年探偵団シリーズの本が図書室の一番奥の右端にあって、あの表紙の絵も怖いので、そこに行くのがちょっと怖いんだけど楽しみで、繰り返し読んでました。もう少し年齢が上がってからは、落合信彦さんのノンフィクションにハマった時期もあって。『アメリカよ！ あめりかよ！』（集英社文庫）とか。高度経済成長時代の伸びやかさがありましたよね。自分が普段いる場所ではないところへの憧れみたいなものを抱きながら読んでました。長谷川町子さんの『サザエさん』『いじわるばあさん』（ともに朝日新聞出版）や、三国志の漫画とかも全巻うちにあったので、そのへんも親とよく読んでましたね。

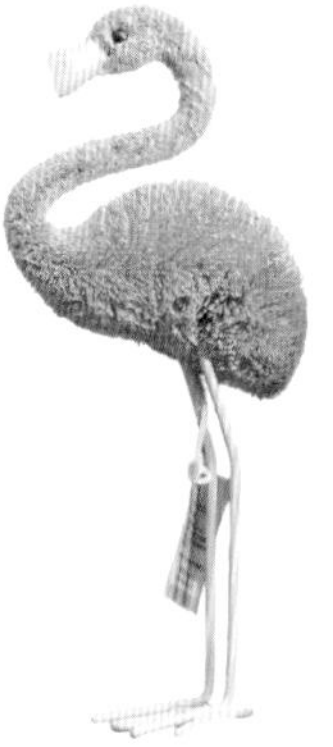

Q 子どもの頃の忘れられない思い出は？

A ケーキの箱を逆さにしたこと

親に怒られたなっていう記憶が1つだけあって。私の誕生日に親がケーキを買ってきてくれたんですよ。たぶんすごく立派なホールケーキだったんですけど、私が包み紙をはがそうと思って、箱を裏返したのね。きれいにはがしたいタイプだったから。それではがしていたらお母さんが飛んできてね。生クリームのケーキだったから、やっぱり開けたらぐちゃってなっちゃってて、すごく怒られたのを覚えてます。

Q 3人の猫様たちと暮らしていてよかったと思うことは？

A 「まいっか」という気持ちになれること

やっぱりこの子たちにはかなわないなという感覚です。私がプンプンしてることってめったにないんですけど、たとえば…。スーパーで買い物したとき、レジの人がキムチの容器を取り上げるときに床に落として、そのまま袋に入れたのを見て、マジか！いやぁでも、もういいかと思いながら帰ってきた日があったんです。若干鼻息荒くなっているんですけど、帰ってきて猫たちがにゃーにゃー言ってるのを見ると、まいっかみたいな気持ちになるんですよね。あの子たちがかわいいのと、私がいないと生きていけないというと言いすぎですけど、やっぱり完全に家族ですからね。あの子たちがいないと私が生きていけないわけでもないけど、でも必要ですよね。

Q 心からリラックスしたいときの娯楽は？

A お風呂上がりの読書

お風呂から出て、猫たちも従えてベッドにゴロッとして、頭がラクな状態で読める本を読むことかな。その後の時間はもう何も予定がないぞという状態で、本を開く時間が最高ですね。最近は、稲垣えみ子さんの『寂しい生活』（東洋経済新報社）を読んでいました。電気を使わないとかそういう生活のことが書かれていて、なかなかいいなと思って。

Q 自分にとって恥ずかしいなと思うことは？

A 「テレビ見ましたよ」と言われること

外来の患者さんで、私が出演したテレビ番組を見てくれた方が、先生のあれ見ましたとか、これ見ましたとか、言ってくれることがあるんですよ。嬉しいんですけど、なんか、もにょっとする感じ（笑）。ありがとうございますとか言うくらいなんですけど、反応をどうしたらいいのかなと思って。どちらかというと照れ屋さんなので。

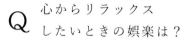

*

かざらないひと

4

*

かざらないひと4

堀井美香

「普通」を

大事にするひと

堀井美香

フリーアナウンサー。1972年秋田県生まれ。1995年にTBS入社。バラエティ番組、情報番組のアシスタントやサブキャスターを担当した後、30代以降は幅広いジャンルの番組のナレーションを務める。2018年からはTBSアナウンサーによる朗読会『A'LOUNGE』の総合プロデュースを担当。アナウンス部の担当部長を経て、2022年3月にTBSを退社。2020年10月に配信を開始したTBSラジオのポッドキャスト番組『ジェーン・スーと堀井美香の「OVER THE SUN」』が爆発的な人気を博し、現在もパーソナリティを務める。退社後は、「読む」仕事に力を注ぎ、ナレーションの仕事を軸にしながら、ライフワークである朗読会や、絵本の読み聞かせを全国各地で開催している。

「普通」を大事にするひと
堀井美香

華がありながら、職人的な地味な動きを好む人。周囲を緊張させないゆるやかな空気をまとい、面白そうに話を聞く人。2022年春、アナウンサーとして27年勤めたTBSを退社してフリーになり、ナレーションや朗読といった「声」の仕事を軸に、独自の活動にいそしむ。

秋田県で生まれ育った彼女の話には、「田舎で育ったから」という前置きが頻繁に出てくる。そのフィルターでいろいろな物事を観察し、「東京の普通」と「田舎の普通」にずれがあることを常に認識しながら、そこに優劣をつけず、いろんな価値観の人がいるのだと、ごく自然に理解する。大人気ポッドキャスト番組『OVER THE SUN』では、公私ともに親密なジェーン・スーと素の表情にあふれたトークを繰り広げる。メインでない立ち位置が心地いいと言い切る彼女のスタンスに、「私も同じタイプ」と共感する人も少なくない。

「昼のワイドショーを家のソファでぼーっと見ている時間が至福」という彼女の、かざらない人柄の秘密を探ってみた。

こんなひと

1 人に見つからないように全力疾走

常にマイペースで、汗をかいている印象がない。そんな彼女がTBSのアナウンサーを長年務め、独立後も独自の活躍をしている影には、準備に準備を重ねた経験があった。努力している様子を見られたくないという美学を持つ彼女が、人知れずやってきたことについて聞いてみた。

秋田の高校から法政大学に入学されましたが、なぜ東京の大学へ？

特に強い思いはなかったんです。通っていたのが県立高校だったので、進路指導のアドバイスが私立高校みたいにしっかりあったわけでもなく。親は秋田大学に行くのが一番エリートコースだと思っていましたけれど、私はあまりそれに縛られることもなく。自分で本屋さんへ行って調べて、自分の学力で目指せそうな大学を何校か受けて、1年遅れてたまたま法政大学に合格したという流れですね。

親は地元志向の人たちなので東京の大学に行くことには難色を示されましたけど、強くは反対されなかったです。私は兄と姉、妹の4人きょうだいの3番目で、当時は両親も忙しかったですし、割と放っておかれていて。今の東京の受験生みたいに、親子ががっちりタッグを組んで受験を頑張っているのと全然違いましたね。

アナウンサーを目指したのも「たまたま」だったとか。

当初は公務員志望でした。親もそうでしたし、地元では公務員になるというのが1つの目指すべき道だったので、**秋田に帰るなら公務員**になろうと思っていました。ただ、大学の就職課でマスコミ講座の受講を勧められたことで、やってみようかなと…。

法政大学のマスコミ講座ってとても有名で、私たちの頃はできて4年目ぐらいだったんですが、3年上に元フジテレビアナウンサーの小島奈津子さんとかが出られていて、だんだん名を馳せているときでした。今やいろんなテレビ業界の実力者を輩出している巨大な組織になっているんですが、そのときはまだ小さくて。就職課の窓口に行ったら、マスコミ講座

の事務を担当されている方がいて、**「君、これ受けない？」**ってパンフレットを差し出してくれたんです。たぶんパンフレットが大量に余っていたんだと思うんですけど。講座では面接の練習をするということも書いてあって、時期的には就職氷河期に入る直前で決して売り手市場ではなかったので、面接の練習をしておこうと思って、講座に行ってみたんです。

勧められるがままアナウンサーコースに入ったんですけど、1～2週間に1回集まって、10人とか20人でフリートークをしたり、何かを見て実況したり、ニュースを読んだり、アナウンサーの試験で行われることをみんなで練習していました。3分で何か好きなことをしゃべってください、という試験の練習なんかもしたんですけど、みんなで何かについてしゃべり合ったりというのがすごく楽しくて。10カ月くらい通ったんですけど、みんなで頑張っているうちにアナウンサーになりたいって、だんだん思ってきますよね。

自分はアナウンサーに向いているかもと思いました？

いやいや、それは思わなかったです。当時は今よりアナウンサー試験の倍率が高くて、4000人に1人とか2人とかというくらいの人気だったので。先生方からは「宝くじみたいなもんだよ」と言われていましたし、是が非でもって感じではなかったです。ただ、何かしらのアナウンサー職になれるんだったら頑張りたいっていう気持ちはありましたよね。地方の局もあって、秋田に帰ってもできるのかとか、だんだんそういうことも見え始めていたので。

テレビ局の試験はどのように進んだのですか？

最初の試験はフジテレビでしたが、落ちたんですよ。次がＴＢＳで、日テレも同時進行していて、ＴＢＳが決まったので日テレはそこでやめたんですけど…。

ＴＢＳの一次面接では、大きな会場に小さなブースがたくさん並んでいて、その1つに入るんですよね。私が入ったブースには、男性のプロデューサーと女性の社員の方がいて。合格してからその男性プロデューサーに聞いたんですけど、私が来たとき、イモっぽいお姉ちゃんだなと思って落とそうと思ったんですって。でも隣にいた女性の方が「いや、私どうしてもあの子をもう一度見てみたい」と言うから、その試験を通したと。それも不思議ですよね。ブースがいっぱい並んでいて、そこに呼ばれた順に入っていって、15秒か20秒、名前を言って顔を見るだけのテストなので、表情とか発声とか滑舌が悪くないかとかをチェックするだけだったと思います。４０００人の受験生をさばく流れ作業で、ほとんどの人の書類が不合格のボックスに行き、少しだけ合格のボックスに行く。だから、たまたまどこのブースに入ったかで、結果は全然変わってしまいますよね。

とはいえ、最終面接まで行くなかで、評価されたポイントが何かしらあったのですよね。

当時の面接を担当された先輩方からは、「堀井はどういう質問にもすぐ返してきて、その発言が人と違ってた」と言われました。質問の受け答えの言葉が面白くて、打ち返し方が俊敏だったという評価で…。でもそれは、**めちゃめちゃ準備したから**なんですよね。当時、面接を受ける学生の間で流行ってましたけど、300、400という数の想定問答集を用意してましたから。

「自分は面接の質問に解答するための能力が明らかに他の人より劣っている」とわかっていたので、**人が言わないようなことを全部、書き記していた**んです。

そこは戦略的にというか、頑張ったんですね。

はい、素のままでは行っていないですね。めちゃめちゃやりました、勉強…。試験対策のための勉強ですけど、当時は今みたいにインターネットもＹｏｕＴｕｂｅもない時代ですから、**無料の講演会**をひたすら聴きに行きました。区立図書館へ行くと区の広報紙が置いてあって、いろんなテーマの講演会とかトークショーとかの案内が下のほうに載っているんですよ。それに、行けるものは根こそぎ行きましたね。水についてとか、貧困についてとか、日本の経済問題についてとか、大学の専攻とは全く関係ない、全然知らない分野ですけど、無料で行けるんだったら行っておこうと。聴いたことは全部ノートに書き記して、それが２～３冊くらいになったと思います。

その準備が効いたのが、ＴＢＳの四次、五次試験とか最後のほうの面接のときでした。大きなお部屋に入れられて、黒電話がポツンとあるんです。それについて、３分だか、５分だか、しゃべれるだけしゃべりなさいというテストがあったんですよ。他の人は、黒電話を商品に見立ててテレフォンショッピングみたいな感じで説明したり、黒電話でお母さんに電話して「今、試験なの、緊張してる～」みたいな使い方でやっていたらしいんですけど…。私、ちょうどその面接の何日か前に、ＮＴＴの無料の講演会に行っていたんです。当時は

まだ携帯電話がなくて、政治家が車の中についている電話を使ったり、会社の上司がポケットベルを持ち始めるくらいの時代だったんですけど、NTTの講演会で「これからはみんな小さな電話を1人1台持てるんですよ」という話が出て、会場がわーって沸き出していたんです。私も「そんな未来があるんだ」という感覚で聴いていたんですけど…。試験で黒電話を目の前にしたとき、NTTの講演を聴いているもんだから、めちゃめちゃしゃべっちゃって。面接官の人たちもたくさん質問してくれて、たくさん返して、すごく盛り上がったのは覚えているんですよね。他の人たちもみんな頑張っていたと思うんですけど、私の場合はそういうのが得点として評価されたみたいです。

なんというか、すごく努力されて、それが実ったんですね。

そうですね。高校時代も大学時代もほわーんとしてたし、意識が高いわけでもなく情報もなかったから、自分がどう動けばいいかとか、どこに向かってるんだろうとか、さっぱりわからなかったんですけど…。たぶん、**自分で明確に目標がわかると、めちゃくちゃ準備をする人**ですね。そのときも、セミナーで聴いた知識に自分の意見を入れたりとかして。でも、不安だったからやっていたんだと思いますよ。面白いとか、こういうの好きとかいう動機よりも、自分の不安な感じを埋めるために、そうするしかなかったんです。

その結果を先輩方は評価してくれたんですけど、実はそれは天性のものではなかったんですよね…ふふふ。

入社してからも、仕事に向かう上で、入念に準備するタイプでしたか？

人より能力が高いほうではないと思っているので、下調べとか下準備は、たぶんしてるんだと思います。**さも何もしていないようにして、その場に行く人**です。

私はこれだけやってきましたっていうところを見せるのは良しとしないんでしょうね。まだ新人アナウンサーだった頃、報道のフロアに、使った後のニュース原稿がストックしてある場所があったんです。それはもう捨てる用だから誰でも持って行っていいんですけど、私はそれをこっそり持って行って、**誰にも見つからないように勉強していたん**ですよね。先輩が読んだニュース映像を何回も見て、同じように読んだりとかして、こっそりやっていたんですけど、誰にも気づかれなかったんです。一方で、そのニュース原稿を堂々と、というかむしろ目立つように持って行く人もいて。

どちらの考え方もあると思うんですよ。目立つように持って行く人は、そうすることで自分に返ってくるものがあるとわかっていると思うんです。でも私は、原稿を持って行って勉強しているというのは恥ずかしくて、誰にも言わないで、隠れてやるのがいいと思っているタイプですね。

たぶん、自分が「できない」ってわかっているので、それを埋める作業をずっとしてきたんですよね。TBSに入社できたのはもちろん勉強した成果でもあるんですけど、どのブースに入るかでも結果は違っていたし、自分の能力が評価されたというよりも本当に運が大きかったと思っているので。入ってみたら同期が40人くらいいるなかで、東大出てるとか、3カ国しゃべれるとか、血縁に著名な方がいるとかいう人ばかりで。そんななかで、自分なんて…高得点が得られるものは何も持っていない。だから、**自分の不安を埋めるために何かをやり込んできた**という感じです。

今、ライフワークになっている朗読に向かう気持ちも同じですね。全然できないできないって思うんですけど、読めば読むほど不安が解消されていく。不安だから読む、不安だから読む…と、それを今も続けているんです。読むしか方法がない、だから読む、と。

「自分を低く見積もることで傷つかないようにしてきたのかもしれない」と、ご著書『一旦、退社。』(大和書房)の冒頭に書かれていました。

傷つくと本当に立ち直れない人なんですよ、私。仕事の失敗もそうですけど、だから自分を低めに見積もって、傷つかないようにもしていた。見積もっているというか、明らかにそうだって自分でずっと思っていたんですよね。

こんなひと

2 「東京の普通」に負い目を感じて

入社早々に結婚し、子どもを授かったことを、自身のなかでは「普通」だと思っていたけれど、「東京の普通」ではなかった——。そう気づいてから負い目を払拭するように、朗読やナレーションのスキルを磨くことに邁進する。揺れ動いた当時の思いを語ってもらった。

東京郊外の町田市在住であることをよく話題にされていますが、なぜ町田に？

夫が仕事で通うTBSの緑山スタジオに近いので、町田に住み始めました。結婚してすぐ、「僕はもう24時間仕事場にいるような人になるので、仕事場と家が近いほうがいいよね」と言われて。最初はふらっとドライブがてら、町田に賃貸マンションを探しに行ったんですが、不動産屋さんで何軒か見ていたら、「このくらい家賃を出すんだったら、買ってローンを組んだほうがいいですよ」と言われて、内覧に連れて行かれるのがだんだん一軒家ばかりになり…。

夜、夫と2人で町田のロイヤルホストでごはんを食べているときに、「買う?」という雰囲気になって、そのまま不動産屋さんへ行き、その日に一軒家の購入を契約しました。当時、私は24歳で、夫は25歳だったかな。

都心ではなく町田にずっと住まわれているところは、堀井さんの抜け感につながっている感じがします。

そうかもしれないですね、テレビ局の人は、だいたい麻布とか青山とか、都心に住んでるので。最近は快速急行なんかもできて、ドアtoドアだと1時間くらいで町田から赤坂のTBSまで来られます。昔は1時間半くらいかかったのかな…。

住んでいるのは、郊外の古い住宅地。私たちの親世代の人たちがたくさん一戸建てを構えているような地域で、昔はすごくにぎやかだったんだろうなという街に、私たちは落ち着いたんですけど…。街の人がみんな子どもたちをかわいがってくれて、すごくラッキーだったんです。町田ファミリー・サポートという子育ての相互援助の仕組みがあるんですけど、それに登録したら、援助会員の方——子育てが終わった年配の方とかですね——が子どもを預かってくれたりして。それがすごく素敵な方だったりして、みんなつながっているから、こっちがダメだったらあっちに連れて行きなさいよ、うちに来なさいよ、みたいな感じで。

息子や娘が小学生のとき、鍵を忘れて家に入れないときに、近くのお店にずっといたこともあるし。東日本大震災のときも、私と夫は会社にいて、子どもたちとは全然連絡が取れなかったんですけど、地域の誰かがどうにかしてくれるだろうなと思って、心配はしなかったですね。後で聞いたら、やっぱり迎えに来てくれた人が何人もいたみたいで。本当に地域の人みんなに、子どもたちを育ててもらいました。だから、**もし引っ越しするなら、地域ごと引っ越したい**ですね（笑）。

入社2年目で結婚されて、キャリアに対する不安はなかったですか？

そういう考えも、知識もなかったんですよね。

田舎の出身だったし…。今から30年くらい前ですけど、母なんかはもう大学出たらすぐお嫁に行きなさいって普通に言っていて、姉も24歳くらいで結婚していますし。私の友達も高校卒業してすぐ働いて、私が大学生のときに子どもがいたりしていたので、それが普通だったんですよ。

若いうちに結婚して子どもを産んで…ということに対して何の疑問もなかったし、その考えが誰かの足かせになってるということも考えたこともなかったですし…。で、早く結婚しなきゃっていう、そういう気持ちがあったので。会社に入ったらすごく素敵な人がいて、もうその時点で相手を自分の結婚の対象として見てしまうというモードに入っていましたね。

だから当時、結婚すること自体は自分にとって何の不自然なことでもなかったし、とても普通のことだったんですけど…。**私や田舎の人たちが考えている普通と、東京の企業で働く人たちが考えている普通が違っていた**ということですよね。

東京の、キャリアを持って働いている人たちがたくさんいる街の普通というものに当初は気がつかなかったから。30ぐらいまでにキャリアを積んでおくとか、子育てで1回仕事を離れたらキャリアの扉が閉じるからみんなそれを恐れているとか…そんなことはわからなかったですね。

結婚して子どもを身ごもってから、いろんな人からの話でそういうことにだんだん気づいて、「会社員として何もやっていないのに、私生活で結婚したり妊娠したりしたことって、あまりよくないことだったんだ」って思い始めて、すごく負い目を感じる時期はありました。それが一番つらかったかもしれないですね。番組をお休みしたり、他の人に代わらなくちゃいけないときに、大人たちが相談するじゃないですか。そういうときはやっぱりきつかったです。「4月からのこういう番組につけようと思っていたのに」とか、上の人には上の人のプランがあるわけですから。今みたいにマタハラとか、なんとかハラっていう言葉自

靴流通センターと
アンテプリマを定番に

「いつも持っているね」と言われる愛用のバッグはアンテプリマのもの。5万円ほどで購入し、もう15年くらい使っています。靴は基本的にヒールのものが好きですが、ブランドとか価格にこだわらず、なんでも履きます。今日のこの靴は、秋田にある東京靴流通センターで買った2900円とか、税込みで3000円ちょっとのものかな。履きやすくていいですよ。

体ない時代でしたし、子どもができて産休に入ることを、みんなが手をたたいて喜んでくれるっていう感じではなかったから。

そのときは自分のなかで、**してはいけないことをしているのかもしれない**っていう思いはすごくありました。だから、私、ちゃんと会社に恩返ししないと、ちゃんとアナウンサーとして成長しないと、成果を出さないとっていう気持ちは早くからありましたね。アナウンサーとしてでなくても、会社員として、TBSのために何かしないというのは子どもを持ちながらも思っていました。会社の期待を1回外してしまったというか、会社が私に期待していろいろ用意してくれたステージから抜けたっていうことへの負い目みたいなものを感じて…自分をすごく責めましたよね。

当時の日記を見ると、「でも大丈夫、ママがあなたのことは一生守るから」とか、たぶんお腹の中の子どもに書いてるんですよね。「絶対にあなたをちゃんと育ててみせるから」みたいな…そのときどれだけ追い詰められていたかっていうのがすごくわかりますよね。

負い目を感じていたことが、ナレーションや朗読を究めるという方向につながっていった？

そうですね。自分でしっかりと**一生通してできるものが欲しい**なと思っていて。アナウンサーって、バラエティ番組を含めていろんな分野をオールマイティーにこなす方もいれば、実況だったり報道だったり、専門性をより究めていくというやり方もあって。私はたぶんいろんな分野で華々しくというよりも、何かを究めていきたいなっていう思いがあったし、会社のためにちゃんと何か成果を残さないと、評価される自分にならないと…と思っていたこともあって。そのなかで、自分に何ができるんだろうって思ったときに、新人のときにいろんな番組に行ってナレーションをすると、プロデューサーとかからうまいじゃん、みたいなことを言ってもらっていたことを思い出して。もしかして私、この分野はちょっと得意なのかなっていう思い込みがなんとなくあったんです。

あとは、林美雄さんっていう、20年ほど前に病気で亡くなったアナウンサーの先輩がいるんですけど…。林さんって、原田芳雄さんや松田優作さんともすごく仲良しで演劇とかにも通じてらっしゃった方で。林さんともうひとりの女性の先輩と、ラジオで朗読の仕事をしたことがあったんです。林さんは厳しい方で、いつも全然褒めない人なんですけど、そのときは、堀井いいね、堀井いいね、なんてずっと言ってくれて。「お前どこかで朗読やってたの？　それ絶対伸ばしたほうがいいよ」としきりに言ってくれたんです。

私、本当に何事も、**人が言ってくれたことを真に受けてきた**人間なので…。法政大学でマスコミ講座のパンフレットをもらってアナウンサーを勧められたときもそうですけど、人の言うことに全部乗っかってきた人なので。その朗読のときも、え、じゃあやってみようかなと思って、そこからいろいろ勉強し始めたんです。

最初は、町田にあるＮＨＫ文化センターで、ＮＨＫを退職された方が講師の朗読教室に、週１回通いました。あとは、早稲田大学の公開講座の朗読のクラスを受講したり、俳優座出身の女優さんにも教わったりしましたね。

朗読の読みって、アナウンサーのニュース読みとは全然違うので。教室に通うのと並行して、新潮カセットブックで小説の朗読を聴きまくったり。１人目を産んだ後の26、27歳から30歳くらいまで、そんなふうに朗読に関して勉強の時間をすごく取ったと思います。

勉強したことで、声だけの仕事が増えていったのでしょうか。

必然的にそうなった部分もありました。２人目を出産した30歳手前で子育てがすごく忙しくなって、普通にアナウンサーの仕事をするのは難しいなと思った時期があったんです。あるとき、夕方の報道番組のサブでニュースを読む仕事を打診されたんですけど、夜7時に番組が終わって、なんだかんだして町田に帰ってくるのが9時となると、子育てしながらでは難しいなと思って断ったんです。同じように、日曜のニュース番組やラジオのバラエティ番組への打診も、全部子育てで時間が合わなくて断っていたんです。

　そんな状況だったので、**もう私、非現場に行くしかないなと。**9時〜5時で働ける事務系の仕事に移してもらおうと思って、30歳直前に異動希望を出したんです。当時のアナウンスセンター長の方が私の異動希望を確認して、「わかった。ところで君、朗読を勉強しているようだけど、君はナレーションが素晴らしいと思ってる。僕が知ってるナレーションの番組を紹介するから、そこに営業に行って、1年間ナレーションを頑張ってみなさい」と言われて。

　それは別に番組を担当させてくれたとかではなく、ただ収録現場を見に行けということなんです。衛星放送（今でいうBS放送）の海外のドキュメンタリーなんですけど、昔ながらの男性ディレクターがいて、長年やっている年配のナレーターの女性がナレーションを担当されている番組で。毎週毎週、聴きに行って、自分とのとんでもない実力の差を目の当たりにしていました。収録が終わった後に、そのディレクターの方が、スタジオで1節だけ私に読ませてくれるんですよ。その録音を、ナレーターの方の語りと比べてくれたりして。そんな機会をもらえたので、ナレーションをちゃんとやっていこうって思いました。

　実は当時、ナレーションって、あまりアナウンサーではやっている人がいなかったんです。今でこそアナウンサーも声優さんも俳優さんもナレーションをやっていますけど、20年ぐらい前は、ナレーター専門の会社に所属するナレーターという職業の人たちが番組のナレーションを担当されることがほとんどだったんです。その人たちが誇りを持ってやっている仕事だったので、アナウンサーがナレーションをするってあんまりなかったんですよね。なので私がナレーションをやりたいって各方面で言い始めたときに、「それ、あんまり言わないほうがいいよ」と言う人もいましたね。アナウンサーは出役《でやく》で、画面に出る人だから、裏方をやりたいとか言うとそういう仕事しか来なくなるよ、と言う先輩方もいました。

でも当時から20年たって、声優さんやアナウンサーがナレーションをするのが一般的になりましたよね。声優さん人気も背景にはあると思いますけど。アナウンサーも、ニュース読みだけでなく、バラエティとかにも出て、仕事の幅を広げたいという人が多くなっていて、その一環でナレーションをやりたがる人は増えています。私は当時から、ナレーションが裏方の仕事だとかいうことは全然気にしなかったですけど、30歳くらいからそっちの方向にシフトして頑張ることができたのはよかったです。

今までの経歴のなかで唯一、自分でよかった、功を奏したと思うのは、人から「これやってみたら？」と言われたことを真に受ける力があったところですかね。**そう言ってくれるんだったら、やってみようかな**と、迷わずに一歩を踏み出せたことがよかったのかなと思います。

こんなひと

3

嫉妬しない、口出ししない夫婦関係

TBSに同期入社の夫と結婚して27年。昼夜を問わず働く夫の手をほとんど借りずに2人の子どもを育てたが、夫への不満の言葉は一切出てこない。相手の行動や考えを尊重しつつ、あまり興味も持たない。穏やかで適温な夫婦関係がどのように育まれたのかを探ってみた。

入社早々に迷わず結婚へ向かったのは、「この人」という確信があったから？

そうです。この人と結婚したいって思ったんですよね。当時までにいろんな人とお付き合いもしてきましたけど、正直、受け身の状態が多かった気がします。ぼーっとしてたら、あれ？ この人、彼氏なんだ、みたいな。私、あんまりはっきり好きじゃないとかも言えないので…（笑）。もちろん本当に好きで付き合ってた人もいましたけど。

今の夫とは同期で、入社直後に私から好きになって付き合って、しつこく結婚したいって言ってました。私、昔から、中央でワイワイやっている人よりも、**端っこのほうにいる技術系とかオタク系とか**、自分で確固たる信念を持って何かを究めている人が好きで。オールマイティーになんでもできる人よりも、不器用なタイプというか、そっちのほうが好きなんです。

まずその条件に合っていたのと…付き合う前に、

同期の仲間でごはんを食べたり飲みに行ったりするなかで、朴訥《ぼくとつ》で誠実な人だなと、あと、**あんまり私に興味ない感じ**だったので、そこが…。

自分に興味がなさそうな人に惹かれるんですね。

そうなんですよね。私に興味がある人には、なぜかそんなに…（笑）。夫は大学院卒でちょっと大人だったので、私と付き合いはしたけれど、結婚は難しいなと思っていたと思います。女子アナと結婚するとかって、面倒くさいんだと思う。そういう派手な奴と結婚すると自分にも光が当たっちゃうと思って、嫌だったんじゃないかなと。

　私はずっと結婚して結婚してって言ってたんですけど、いやしないよしないよって言われてて。でも、なんかある時期、覚悟してくれたみたいで。一緒にいても楽しそうだな、一生を委ねてみるか、みたいに思ってくれたときがあって、向こうから「結婚する？」と。「来たー！」と思って、すぐ実家のスケジュールを押さえて、秋田に連れて行き、広島の夫の実家にも行って…。

　その頃に入社1年目の研修があって、「この人と結婚することにします」って人事の方に言ったら、全然相手にしてくれませんでした。わかりました、そうなんですね、と言ってはくれましたけど、どこかに上げるわけでもなく、スルーされて。ちょっと付き合い始めたっていうだけで、浮かれて言ってるんだろうなと思われたみたいです。

結婚後も、特に波風は立たず？

はい。私にどうこうしてもらおうとかいうのは全くない人なので。そこは2人ともすごく似ていますかね。**お互いにちゃんと自分の世界を持ってる**ので。彼が何をしてても嫉妬しないし、たぶん向こうもそうなんです。

私は仕事柄、いろんな素敵な男性と接する機会が多いんですよね。たとえば、久米宏さんとはラジオ番組で十何年もご一緒してますし、いろんなタレントさんとお仕事したり、時にはお食事したりすることもあります。でもたぶん、そういうことに関して彼は全然心配してなさそうで、すごく気がラクですね。

彼は彼で、ずっとドラマの美術の仕事をしていましたけど、テレビ業界の人がなんだかんだモテるという話はよく聞いているので、彼もそうなんだろうなと思います。でも、あんまりそこには興味ないですし、お互いに全然嫉妬しない関係だと思います。

彼は全く私の仕事に興味ないので、ラジオにしてもテレビのナレーションにしても、なんにも聴かないんですよ。私も彼が関わった作品、あんまり見ていないですし。時々何か賞を取った作品とかを見て見てと言われて、5秒くらい見て「ほー」と言って終わり、みたいな（笑）。

でも、すごくいい感じでタッグが組めてるなっていう関係ですね。一番信頼しているし。なんにも言わない、口は出さないけど、私が割と集中してカーッとなっちゃうときに相談すると、「こうしたら？」とか一言くれて。たいていそれが合ってるんですよね。客観的な視点で的確なアドバイスをしてくれる。

子育てにも全然口出ししない人で。**私のやりたい放題、子育てしたい放題**でした。子育ては本当に自分のやりたいようにやったので。

それは、いわゆる
ワンオペという意味ではなく？

世間一般の言い方だとワンオペになるんでしょうけれど、私からすると、子育てを自由奔放にやらせてもらったという感じですね。夫はドラマの美術担当という仕事柄、本当に忙しい人で、出張も多くてほとんど家にいなかったので、子どもの世話をすることはほぼなかったですね。同時に、私が子どもたちをこういう学校に入れたいとか、息子をリトルリーグに入れたいとか、こうしたいと思って進めてきたことには一切、口を出さなかったです。

家事も掃除も、手伝えない代わりに全く文句も言わない。どれだけ家が荒れていても、洗濯物がたまってても、洗ってないの? とか言うことは全然なかったし、できない代わりに口も出さないみたいな人だったのでラクでした。

手伝ってくれないという不満もなかったんですね。

物理的に帰ってこられないのでそれは仕方ないですから、最初からひとりでやるしかないと腹をくくってました。同業者だったのもよかったと思います。朝まで編集があったり、セットの組み立てがあったりして帰れない、2~3週間くらい泊まりがけという状況が想像できるので。これが異業種の人だったら、他に女がいるのかしらとか勘ぐっちゃうこともあるかもしれないですけど、同じ会社でそういう状況を見ているので。**そうですかお疲れお疲れ**って感じで。彼に家事や育児を求めるのは無理だとわかっていたので、あんまり当てにしていなかったんですよね。

だから変な話、私と子どもだけでなんとかやっていこう、という思いでした。そういうなかで、ごくたまに彼が日曜に休みが取れて、子どもに絵本を読んでくれたりしていると、それだけですごく感動的でしたね。

バッグの中身は最小限

アンテプリマのバッグに入れている荷物はいつもだいたいこのくらいで、重いものはめったに持ち歩きません。フェイラーのポーチは娘からもらったもので、(ジェーン・)スーちゃんとおそろい。あとはハンカチ、名刺入れ、スマホ、ワイヤレスイヤホン、スケジュールを書いた手帳とペンケース。持ち物には特に何のこだわりもないんですが…こんなので撮影、大丈夫ですかね？(笑)

こんなひと

4 人をあまり敵と思わない

人に緊張感や警戒心を抱かせない、独特の穏やかな雰囲気は、彼女自身が人に敵対心を持ったり、ライバル視したりすることがほとんどないことから生まれている。自分と相容れない考えを持つ人の意見も「1つの情報」として受け止める。その背景にある考え方を紐解いてみた。

小さい頃はどんな子どもでしたか？

普通でしたね。大家族というか、父のきょうだいが何人もいて、本家があって分家があって…というわゆる田舎の親戚一同のつながりのなかで、何かあるたびにたくさん人が集まっていた、というのは覚えています。おじいちゃんの家に行くと、十畳くらいの大きな座敷が5つくらいどーんとあって。父もいろいろ人を連れてくる人でしたし、いつも周りに人がいたという環境でした。

生まれたのは秋田の男鹿市。最近は人がだいぶ減ってしまいましたが、私が小さい頃はにぎやかな港町でした。その後、秋田県内でいろいろ引っ越して、最終的には秋田市内に住むんですけど。

4人きょうだいの3番目ということもあって、兄や姉に比べると、私は親にあまり干渉されることもなく、かなり自由に育ったと思います。私が小さい頃、母が病気をしていて、母の姉である伯母の家に預けられるんですけど、その伯母が「この子は銀行でもスーパーでも**どこへ連れて行ってもニコニコして何かしゃべっている**から、みんなが集まってきた」と言っていたようです。
小さい頃から人としゃべるのは全然、苦ではなかったですね。警戒することも、人見知りすることもなく。基本的に**あんまり人を敵と思ったことがない**ので。誰かのことを敵だとかライバルだとか、思ったことがないんですよね。

人と話すのが好きだったことは、アナウンサーという職業につながっていると思いますか？

それはあるかもしれないですね。初めての人と会うのも楽しかったですし、おじちゃんおばちゃんとか、人の話を聞くのも大好きだったので。周りのいろんな大人の話を聞いていたという経験は、アナウンサーの仕事に生きているように思います。

話を聞くのが好きという一方、ポッドキャストでジェーン・スーさんから「人の話を聞いてない」と指摘される場面もありましたが…実際は？

『聴きポジのススメ』（徳間書店）という本を出したときの話ですね。どうなんでしょう。自分としては100％聞く体制なんですよね。たいてい、人の輪の中に入ると、100％聞く側なんですよ。そうすると、全部のっぺり聞いているなかで、もちろん捨てるところもあって…（笑）。
このことは、その本に掲載した阿川佐和子さんとの対談でもお話ししたんですよね。「聞く名手」と言われる阿川さんは、誰かをインタビューしていても自分の話もしたい、対等に話したいんですって。聞いたことを全部受け止めるのではなくて、相手がこう来たら、私はこう思うと対話していくなかで、２人でインタビューをつくり込んでいくという感じだと思うんですけど…。

私は最初から全部聞くという態度なので、そのなかで、**ここいらないなとか、言ってることがわからないなとか思いながら、意識が飛んでいるときがあって…**という話をしたら、阿川さんが「いる話といらない話をうまく選んでいるのよね」とおっしゃっていましたけど、そうかもしれません。

「話を聞くコツは、相手をジャッジしないこと」と、堀井さんは別のインタビューでおっしゃっていました。

そうですね。人の話を聞くときに、この人の話苦手かも、とか、私はその意見と違うかも、というふうに、門前払いしたり、最初にガシャンってシャッターを下ろすことはまずないですね。苦手な人でも、何か話してくれる人の言葉は、全部まず受け取るというか、**そうなのかな？ って1回考えてみる**ことは癖としてあると思います。

最初から明らかに意見が違うとしても、そこで聞くことをやめたりとか、いやそうじゃないよねとかぶせるのではなく、割と最後まで聞き切る。相手をジャッジして途中で聞くことをやめるということはしないんだと思います。

ぶれないご自身がいるから、それができるのでしょうか。

ぶれないっていうのかな。でも本当に自分は…さきほどの「低く見積もる」の話ではないですけど、自分そのものをそんなに大した人間じゃないと思っているのがベースにあるんでしょうね。そうすると、他の人の行動とか言葉も受け入れられる。私とは違う考え方が世の中にはたくさんあるんだなとか。**すべてが情報だし、すべてがアドバイスだし、すべてエンタメだし、**何かを教えてもらってるという感じなんですよね。

こんなひと

5 メインではない場所が落ち着く

盟友ジェーン・スーとともにパーソナリティを務めるTBSラジオのポッドキャスト番組『OVER THE SUN』は、2020年に始まり、今や80万人のリスナーを持つ。「自分はメインに立つ人ではない」と言う彼女は、注目を浴びることに対してどんな思いでいるのだろうか。

「聞く側」という自己認識にもつながるかもしれませんが、ご自身の立ち位置をどうとらえていますか？

「どんメイン」にいる人ではないですね。たまたまアナウンサーという職業には就きましたけど、今やっていることは…ポッドキャストもそうだし、ナレーションもそうなんですけど、**みんながあまりその存在に目を向けていなかった、魅力に気づいていなかった隙間産業**みたいな仕事が多くて、私はそれをすごく面白がってやれた部分はあると思います。

マイナーなものとか、穴場を探すのが好きというわけでもないんですけど、**一番手ではない、三番手、四番手くらいのものを楽しくやれる人**ですね。だからといって別に、重箱の隅をつつくのが好きとかそういうことではなく。あまり光の当たらない、メインの次の次くらいのところで何かをするのがすごく落ち着きますね。

メインではないという「落ち着く立ち位置」は早くから見つけられていたのでしょうか。

20代の終わりくらいまでは、ずっとわからなかったです。今思えば、高校時代、大学時代、会社に入って新人の何年間かは、はっきりとした意識も持っていなかったし、混乱していましたね。**子どもを産むまではずっと鬱々《うつうつ》としていた**と思います。自分はどう生きればいいのか、何が正しいのか、どういうゴールを設定したらいいのか、全然わからなかった。それは自分が未熟だったからでもあるし、こうすると失敗するんだよとか、こうしたほうがいいかもよって教えてくれる大人が周りにいなかったというのもあるんですけど。

精神的にも大人じゃなかったあの頃が、すごく混乱していて、人生で一番つらかったと思いますね。子どもができてからは、もう割り切って、何が来ても大丈夫みたいな覚悟ができました。何か言われたとしても、「え、それで？　私、子どもを守らなきゃいけないから。それよりこの子と一緒にいる時間があることのほうが大事」みたいな強さが出てきたので、もう他のものがあまり気にならなくなりましたね。それは1つの気持ちの転換期だったと思います。

『OVER THE SUN』の爆発的な人気を受け、取材が増えるなど注目されている状況をどう感じていますか？

やっぱり基本的に「私なんか」という気持ちはありますよ。**「私のことは別に注目していただかなくてよくないですか？」**と。その気持ちを、いろいろ準備したりすることで気にならないようにしてきた人なんですけど…。ジェーン・スーと出会ったことで、1つ大きく変わったかも、という部分はありますね。「私なんか」という気持ちは変わらないけれど、あんまり言わないようにしようという感覚にはなりました。彼女の、あの強めの自己肯定感に触れているなかで、**これくらいやっても別に恥ずかしくもなんともないんだ**っていうことを知りましたよね。

以前だったら、自分はこんなことができるんですとか、自分はこういうことをしましたよということを、発言や行動で示すのは恥ずかしいことだと思っていたので。それをちゃんと表に出していくとか、人に伝えていくって、別に恥ずかしいことではないんだなというのを、彼女から教わったところは大きいです。

目立たないほうがいいと、お母様にも言われていたとか。

母からは常にそう言われていましたね。小学校の授業参観のときに、母にたしなめられたことがあって。授業の最後に、先生が「これについて思ったことがある人、手を挙げてください」と言ったとき、みんなからバーッと手が挙がって、指された私が、たまたまちょっといいことを言っちゃったんです。みんながおーっとなったときにキンコーンってチャイムが鳴って、**私がスポットライトを浴びた状態で授業が終わった**んですよね。家に帰ってきたら母が、「美香ちゃん、ダメだって、ああいうことをしたらダメ。目立っちゃダメ、最後に手を挙げなくていいの。お母さん見ててハラハラしてた」と言うんです。

母のそんな言葉も影響していたのか、アナウンサーになっても、自分が目立つことはよくないと思っていましたね。先輩からも「アナウンサーはゲストではなくてホストなんだから、タレントさんより前に出るな」と教えられるので、肩回して自分のキャラを出すとかいうことはしないんですけど。一方でディレクターさんはそれをやってほしい場合もあるんです。キャラを出すことが私たちの人気を高めることにもつながるので…。でも、それにはちょっと抵抗はありましたよね。

　女の人があんまりしゃべるもんじゃないと、いまだに母は言いますね。東京でどれだけ新しい考えを持った人たちがいようとも、たぶん田舎で生活している母くらいの世代の人たちの価値観は変わらないんだと思います。

　20代の初めまでは、母のような考えが普通だと思っていましたけど、東京に出てきて、会社に入ってたくさんの人と出会うなかで、いろんな価値観があるんだ、自由に生きていいんだと思うようになりました。今では、母の考え方とは私はちょっと違うなと思うこともあるけれど、だからといって別に母を責めたりもしないし、**彼女はその考え方で幸せだし、それがいいと思って言っていることなので。**

　今でも実家に行くと、母からいろいろ言われますよ。靴下履いてちょうだいとか、野菜から食べなさいとか、「ごめんなさい私もう51歳なんですけど、食べる順番くらい…」と思いますけどね。先日も実家に戻っていたんですけど、お友達と夜ごはんを食べて、8時半に帰宅したんです。そしたら玄関で私を「遅い！」って出迎えて…心配性なんですよね。

　母がいろいろ言うのは一生懸命なだけで、考え方は違っても、全然仲はいいんですよ。

『OVER THE SUN』での素に近いようなトークが人気ですが、新たな自分を発見した面も？

自分としては、それをきっかけに開花したとかそういう感覚もなくて。『OVER THE SUN』ではジェーン・スーと本当に普段の友達といる感覚でしゃべってますし。たまたまこの時期に奇跡的に彼女と一緒にいる時間が長くなって、コロナ禍でポッドキャストとかの音声メディアが沸いて…という、いろんなタイミングが重なって今、皆さんに聞いていただいているという状況で。私自身が変わったとか、何かを変えたとか、努力したとかいうところは全くないんですけどね。

ジェーン・スーとは、持っている資質というか、着ている「ガワ」は全然違うんです。何かことを成すときのやり方も違います。でも、大事にしているものとか、**何かをしようというときに絶対にゴールにたどり着きたいという心意気、スピード感**みたいなものは、共通して持っていると思います。あと、彼女と気が合うのは、持っている素材、環境が全く違うからなんでしょうね。これがもし、私もエッセイストだったり、向こうも子どもがいたりとか、かすっている部分があったとしたら、多少なりとも比べるというところが出てきちゃうのかもしれないですし。

夫との関係もそうなんですよね。同じ業界でも全く違う畑で仕事をしているので、相手が何かいい仕事をしたり、評価されたりすることに、嫉妬とかネガティブな感情は一切なく、プラスの気持ちしか湧いてこないです。夫のほうも、私がナレーションのこのレギュラーが取れたとか言うと、おー！と喜んでくれて、そこには何のモヤモヤした感情もないと思います。

夫にしてもジェーン・スーにしても、「ガワが違う」というのは、関係がうまくいっている理由かもしれないですね。

こんなひと

6

普通の人の本物の言葉を届けたい

自称「目立ちたくない人」である彼女が、独立して以降、単独での朗読会を開催するようになった。2023年8月には、秋田で800人近い観客を前に2時間の朗読を披露し、大きな反響を呼んだ。彼女が最も大切にしている、朗読という活動に込めた思いを聞いてみた。

朗読会を開くことにはどのような思いがありますか？

最初はもう自分の挑戦というか、**自分の覚悟を決めるための会**だったんですよね。お客さんを感動させたいとかそういう思いは一切なかったです。朗読って地味な作業で、ひとりでやっている分には誰からも注目されないので、きっと独立していろんな仕事をしているうちに朗読というものをしなくなっちゃうだろうなと思って。だからちゃんと箱（会場のこと）を借りて自分に課題を課して、次はここ、次はここ…って課題を置いていかないと進んでいけないと思ったんです。現時点でもう、2年先まで箱が決まっているんですけど、そうやって先々の予定を押さえてやっていこうというのは、1つ決めたことなんですよね。

朗読会はほぼ赤字でやっているので、お金稼ぎとは別物の、**自分の成長とか挑戦のための活動**なんです。でも、実際に集まってきてくれる人がい

朗読会で読む本は 全文を単語帳に書き出す

この単語帳は、秋田での朗読会で読んだ、三浦綾子の『母』の文章を書き出したもの。朗読会で読むものは基本的に暗唱するので、こんなふうに文節の冒頭を表に、その続きの文章を裏に、という形で全文を書き出すようにしています。自分で手書きすることで、頭に入りやすくなるので。朗読会の準備期間にはこれをいつも持ち歩いて、電車での移動中や、すきま時間にひたすら読んで、頭に入れています。奥にある2つは、『父の詫び状』(向田邦子著)と『落葉の隣り』(山本周五郎著)のCDとカセットブック(ともに新潮社)。朗読の勉強用に聴いていました。

るなかで、朗読を通して伝えたいメッセージみたいなものは、絶対に自分で持っておかないとダメだなと感じました。聞いてくれる人が受け取るか受け取らないかはわからないけれど、こちらが何を伝えたいか、**「私は今これを感じてほしいんです」**ということは、ちゃんと明確にしておかないとと思っています。

朗読の題材選びに、その思いは込められているのですよね。

はい。だから題材選びは面白いですよ。どういうメッセージを伝えたいか考えながら、図書館で何冊も本を読んで選んでいます。選ぶ本の共通点があるとしたら、やっぱりどこかでつらい思いをしている人がこの世の中にちゃんといるんだということ、世の中で光が当たっていないけれど大事なことを、みんなで知ろうよとか、そういうことかもしれません。あまりハッピーな物語や、エンタメ性の強いストーリーは選ばないですね。

２０２３年8月の秋田の朗読会で選んだ『母』は三浦綾子の長編小説で、小林多喜二の母・セキさんを描いた物語ですが、偶然が重なって出会った題材なんです。

最初、イギリスの孤児が主人公の『ジェーン・エア』を候補として考えていたときに、その二次創作的な『サルガッソーの広い海』という小説を見つけて。それも女性が偏見のなかで闘ってひとりで生きていくみたいな物語で、これにしようかなと思って読んでいたんですけど…。なんか違うなと思って。たぶん今の私が、この小説の主人公のような生きていく強さを訴えたり、自分がこの主人公に何かを投影させたりするのは難しいなと思ったんです。私自身に、そういう強さみたいなものがまだないと思ったので。

もっと自分が共感できる題材で選ぼうと探しているなかで、ある人と話していたときに、三浦綾子の小説はどう？という話になったんです。『氷点』は昔読んでいたけれど、サスペンス的な要素も入ってくるのでちょっと朗読には向かないかなと。それで三浦綾子の小説をいろいろ読んでいるなかで、『母』を見つけたのですが、全編が秋田弁で語られているんです。小林多喜二が秋田県出身ということをそこで初めて知りました。ちょうどその頃、北海道の三浦綾子記念文学館の方から朗読会をやってくれませんかとメールが来て。なんだろう、この偶然の重なり…と思って、秋田ではこの『母』を読むしかない、と決めたんです。

この物語は本当にメッセージにあふれていて。語り手となっているセキさんは、学校に行ったこともない、文字も書けない、世間に評価されたり意見を求められたりするような人でもないんです。けれど小林多喜二にとってたったひとりの母親で、その母親がつむぐ言葉こそが、本物であって真実であって…という、とても心が打たれる、感じるものがあるんですよね。

テレビに出てくるような、いろいろ勉強されていて知識も豊富なコメンテーターさんのコメントも1つの価値あるものではあります。でも、たとえ世の中のことをあまりわからなくても、母親の立場としてその瞬間に感じたことを、私は今こう思っているんだと発する、その言葉の重みというものもあるんですよね。そういう、**普通に生きている人のささやかな言葉を届ける**作業ってすごく大事だなと思っているので、この作品を朗読できたことは私の宝物になりましたね。

ささやかな言葉ってみんな持っているんですよね。誰かに求められて言うコメントではなく、生きている人が切実に感じていている気持ちが表れた言葉。それこそが本物の言葉なんじゃないかと思っているので、それを朗読で表現したいと思っています。

こんなひと

7

自分を身軽にしていくのが心地いい

TBSを50歳で退社し、会社員という鎧を外して文字通りフリーになった。以前から始めている「身の回りのモノを減らしていくこと」も継続し、精神的にも物理的にも身軽になっている。「来年の自分のことさえ、わからないから面白い」と彼女は言い切り、晴れやかに笑う。

朗読で「普通の人の声」に光を当てつつご自身も、普通であるという感覚を大事にしているところはありますか？

普通が一番心地いい、という感覚は持っています。生活もそうですし、持ち物も、行動も、ちょっとレベルを上げることにすごく負荷を感じる人なんでしょうね。だから無理のないところ、無理しなくていいところに落ち着くんだと思います。見栄を張るとか、**本来の自分よりアップグレードしたものに疲れちゃう**人なんだと思います。

フリーとして独立した今、どんな自分に落ち着いている感じでしょうか。

会社員だったときや、母親として子育てしているときは、これはやっちゃダメ、あれはやらないでおこうと自分を制限していた部分がたくさんあったんですよね。でも、フリーになって、子育ても終わった今は、これまでは立場を考えて自制していたことをあまり気にしなくなったのは確かです。行動が自由になったし、考え方もフレキシブルになったし、でもだからといって、無理するとか、背伸びするとかいうこともない。**やりたかったけれど抑えていたものができるようになってきた**という感じです。

フリーになってからずっと、毎日新しいことをして、毎日リセットされているという感覚なんです。会社員のときは、数カ月後とかその先の目標に向かって何かをやっていく、ということが多かったんですけど…。今はその日にやったことがその日で終わって、次の日にはリセットされて新しい仕事、ということが多くて。行くところ行くところ新しい人に会って、新しい現場だったりするので、新鮮です。今51歳ですけど、こうやって新しい現場にこの先どのくらい行くんだろうと思って…面白いですよね。

朗読に関してはずっと続けていきたいと思っていますけど、他のお仕事に関しては、**いつか終わりが来るだろうな**と思っているし。しゃべるお仕事も、ナレーションも、取材を受けたりすることも、永遠に続くものではないし、歳とともにだんだん落ち着いて、少なくなっていくだろうなと。若いときみたいに、これをステップにしてまた次の仕事を、みたいな意気込みもないですし。すごく割り切っているので、なんだか1つ1つ愛おしいというか。

だんだん仕事も減っていって、自分のゴールに向かっていっているんだろうなとすごく感じるので…。いつ命が終わるのかわからないですし、10年後なのか20年後なのか、来るべきそのときにできるだけ迷惑をかけないように…って、本当に私、ずっとそういう考えです。

そう思うと割と、本当にハッピーに生きられますね。今日出会っている1つ1つが、かけがえのないもので、今日やっているこれは今日で終わりで、再びやることはないんだろうなと思うと、す

ごく愛おしくなります。

ネガティブな終活じゃなくてポジティブな終活ですね。私の周りでも、50代で突然亡くなってしまった先輩が数人いらして。50を過ぎるとそういうことが珍しくなくなってくるので、私もいつどうなるかわからないですし…。いやいや君はそう言いながら100歳くらいまで生きるタイプだよねって、いろんな人に言われますけど。

でも、ある時期からなんとなく、生きている期間には限りがあるんだと思うようになって。するといろんなことをプラスにとらえられるようになり、もうこの人には会えないんだとか、もうここには来ないんだとか、この1日はもう今日しかないんだと、大切に思えるようになりましたね。

あとは終活に向けて身の回りのものをミニマムにしていく、これはいらない、あれもいらないと判断していくなかで、**自分にとって大事なものがわかるようになってきた**ことはよかったなと思っています。家の中にはほとんどモノがないですし、資産に関しても、今までやってきたことに関しても整理を始めているので。身軽になっていくほど気持ちがいいんだろうなって自分でわかるんです。

今日の撮影に着てきたこのスカートも、このワンピースもレンタルなんですよ。アナザーアドレスっていう洋服のサブスクサービスで、1カ月に何着か借りられて。このトップスとか地肌に着けるものは自分のものを買いますけど。クローゼットの中には家で着るTシャツとかがあるだけで、外に出るときに着るものはほぼレンタルです。

だから最近、**モノが怖い**んですよね…いただいたり、買ったりして、モノが増えるのが怖くて。身軽にしていくのが気持ちいいです。

モノにも、何にも執着しないという感覚でしょうか。

完全に何にも執着しないということはきっとなくて、たぶん**執着心ってずっとある**と思うんですよね。自分の一番大事なものに関しては…ずっと朗読をやっていたいとか。お仕事は続けたいという気持ちはこの先もあると思いますけど、幅広くとか、あれもこれもやりたいという気持ちはなくなりました。朗読とかナレーションとか、**これは自分で続けたいというものがわかっている**ので、そこはラクですよね。

50歳くらいまでは自分でゴールを設定していました。子育てをしていたからというのもありますけど、子どもがいつ大学に入って、いつ卒業して、という予定が割とはっきりしているので、それに合わせて自分はここまでにこうしよう、ああしようとか、決めてやってきたんですよね。

そのままずっと会社にいたら、それはそれで何か発見があったり、楽しいことがあったりして、違う自分がいたのかもしれないですけど…。50歳で退社したことで、今はもう来年のこともどうなるかわからないし、めちゃめちゃ自由ですから。今やっているお仕事をいろいろ整理して、来年はもうやめます、とかいうことも自分で決められる立場ですし。

来年のこともわからない、5年後のことなんて全然わからない、でもそれがなんだか、面白いですよね。

堀井美香

一問一答

Q 子どもの頃の忘れられない思い出は？

A 角打ちのおじちゃんのお迎え

小学校に上がる前くらいかな、母が病気で、漁師の伯父と伯母の家に預けられていたとき。当時住んでいた秋田県男鹿市に、角打ちっていう酒屋さんのカウンターで日本酒を飲む場所があって、そこに毎日夕方になると、おじちゃんを迎えに行っていたんです。ゆで卵を買ってもらって帰ってきて、食卓には海の幸がたくさん並んでいて…という光景を思い出します。子ども時代は男鹿の海と自然に囲まれて育っていましたね。

Q 10代の頃、夢中になったエンタメは？

A 安全地帯と浜田省吾、そしてブーニン

安全地帯と浜田省吾は両方とも声が好きでした。私、昔から人の声にすごく敏感で、男性でも女性でも低い声が好きなんです。アイドル系の音楽は全然聴かなかったですね。あとはピアニストのブーニン。ショパン国際ピアノコンクールで19歳のブーニンが優勝したことで日本でもブームが来て、頻繁に来日公演があったので、高1くらいのときはブーニンの追っかけみたいなことをしていたんです。親に頼み込んで、秋田や仙台、東京の公演にも行きました。私、ピアノを習っていて一瞬だけピアニストになりたい時期があって、早々に諦めたんですけど…。NHKラジオで聴いたショパンコンクールでブーニンを知って、大好きになりました。

Q 心からリラックスしたいときの娯楽は？

A クラシック音楽に浸る

ブーニンつながりじゃないですけど、やっぱりピアノを弾いたり、クラシック音楽を聴くのは普通に好きです。クラシックが好きという人が周りにあまりいなくて、誰かを誘うのも面倒なので、ひとりでコンサートに行って堪能しています。あとはドライブする車の中で、大音量でクラシックを流しています。

Q ひとりでこれをしているのが好き、という時間は？

A 昼下がりのテレビタイム

家のソファで、ミヤネ屋とかゴゴスマとか、昼の情報番組を見ているときですかね。昼間に家にいることってめったにないんですけど、本当に時々、午後の2時とか3時とかに家に帰れたとき、何も考えずにそういう番組をぼーっと見ている時間が好きです。

Q 性別を問わずかっこいいと思う人は？

A 道を究めている孤高な人

1つのことをやり遂げている人が大好きです。自分のやるべきことがわかっていて、たとえ日の目を見ずとも、自分で定めたゴールに向かってひたすら突き進んでいる、ある種、孤高な人に惹かれますね。自分はそうなれていないと思うから、そうあろうとするにはどうすればいいだろうと考えますよ。朗読にしても、その道を突き詰めるってどういうことなんだろうと。人と比べるとかではなく、自分で自分の目標を定めて、道を突き進んでいけたらと思っています。

Q 自分の好きな曲、テーマソングみたいなものを挙げるとしたら？

A 浜田省吾『J.BOY』

私がラジオに出たりすると、たいていこの曲がかけられるんです。浜田省吾が好きな堀井が来るからこれかけとけ、という感じで。昔の時代の色濃い歌ですけどね。働いて走り続けた友人が死んで、自分も仕事抱えて、でもその日常を打ち砕け…みたいな。最初はそれほど思い入れはなかったんですけど、最近すごくいい歌だなと思って、好きですね。

*

かざらないひと

5

*

かざらないひと5

佐藤友子

「気持ち」を

大事にするひと

佐藤友子

クラシコム取締役副社長、「北欧、暮らしの道具店」店長。1975年神奈川県生まれ。高校卒業後、アルバイトや契約社員として働いた後、結婚。インテリアデザイン事務所を経て、2006年に兄とクラシコムを創業し、2007年にECサイト「北欧、暮らしの道具店」を開業。商品を売るだけでなく読み物等コンテンツにも力を入れたサイトとして人気を博す。2015年にオリジナルブランドを開始し、雑貨やアパレル、コスメなどを展開。2018年に始めたインターネットラジオ『チャポンと行こう！』は再生数約2000万回の人気ポッドキャスト番組に。2018年から、同店の世界観を反映したオリジナルドラマやYouTube動画などのコンテンツ制作にも注力。2022年に東証グロース市場へ上場。2023年7月期の年商は60億円に。

「気持ち」を大事にするひと

佐藤友子

暮らしを彩るささやかな何かを手に入れることで、気持ちが前向きになる——そんな経験を10代の頃から大切にしてきた彼女は、31歳のとき、兄とともに「北欧、暮らしの道具店」というECサイトを始めた。それから17年、会社は従業員90人以上を抱え、年商60億円の規模にまで成長し、上場も果たした。

圧倒的な実績の背景にあるのは「北欧、暮らしの道具店」の世界観を愛する人たちの存在だ。商品に込められたメッセージ、暮らしや生き方をテーマにした読み物、動画、音声コンテンツ。それらすべてを、人の「気持ち」に最大限に寄り添おうとする彼女が監修していることは、事業全体の信頼へと結びついている。

今より少しでも居心地の良い暮らしをつくりたいと願いながらも、今の自分の暮らしを否定するのは心地よいことではないと誰より自身が感じてきた。だからこそ発信するメッセージに触れる人の心がざわつくことがないように一言一句、気を配る。「今の自分」とともに「自分が持つ可能性」にもフィットする暮らしをつくろうと提案する。「気持ち」に人一倍敏感な彼女の思いを掘り下げてみた。

こんなひと

1

10代で自分をリセットした

小学校時代まで天真爛漫に育った彼女は、中学入学後に大きく傷つく経験をする。以来、周囲に合わせて明るく振る舞う自分と、本来の自分との乖離《かいり》を感じるようになった。父親の転勤先の広島についていくと決めたのは、本来の自分を少しでも取り戻したいという思いからだった。

今回、取材をお受けいただきありがとうございます。

お声がけありがとうございます。ただ、「かざらないひと」っていうタイトルの本に出ちゃっていいのかな、**私、かざってるんで…**。かざってるっていうと語弊があるかもしれないですね。自分以上の者に見せなきゃ、みたいな気持ちが強いタイプではないと思うんですけど。でもやっぱり会社の創業者であり経営者として、一緒に働いている社員とか、「北欧、暮らしの道具店」のお客様に対しては——かざってはいないんですけど、できる限りいい状態の自分であるように心がけているところはあるので。「かざらない」って、自然体であるとか、素であるということを多くの人は想像されると思うんですけど、私がいつも素でいるかというと、そうではないなと。

自分の役割上、こうあろうと保とうとしている意識はあるし、それによってたまに疲れちゃう、ドーンと気持ちが落ちちゃうこともないわけではないので。いつも明るく元気にしていると見られがちなんですけど。

外から見えている佐藤さんと、自分で自覚している佐藤さんに乖離がないかというと…**乖離はあるかなと。**なので、かざっているという意識はありますよ、という意味でした。

なるほど、明快なお答えですね。小さい頃はどんな子どもでしたか？

生まれたところは神奈川県、そのあと埼玉県に引っ越して、小学校6年生くらいまでは本当に屈託のない子だったと思います。いわゆる内弁慶で、人見知りで恥ずかしがり屋だったので、知らない人が多いところにはお兄ちゃんやお母さんや友達が一緒じゃないと行けないという気の小ささはあったんです。ただ、いったん行ってしまえば、ニコニコしてその場を楽しく盛り上げるというタイプの子でした。

3歳半年上の兄と2人きょうだいで、兄がどう過ごしているかを観察していましたね。兄と両親の関係と、私と両親の関係って、過去も今も少しだけ違うんですよ。父は兄に対してすごく期待値が高くて、それゆえの厳しさもあったので、父と息子の関係でありがちな緊張感みたいなものを、

私は妹の立場で感じていたんです。一方で妹の私はというと、そもそも兄とはかけられている期待が違ったこともあったのか、どんなに生意気なことを言ってもニコニコと受け流してもらえるというか。親からプレッシャーを感じたり、何かを否定された気持ちになったり、ということがあまりなかったんですね。

それがプラスだったかどうかは置いておいて、そのような関係性だったことで、小学校の高学年くらいまで、自分のパーソナリティについてあまり疑問を持たず、割と伸び伸びとやっていたと思います。中学に入ったくらいからですかね、その屈託のなさが陰りを見せ始めたのは…。

小学校時代の振る舞い方のままでいたら、周囲とうまくいかないことが出てきたんです。それで本当に短期間なんですけど、ちょっとしたいじめに遭うというか、学校の女子の友達から仲間外れにされるということを初めて経験したんですよ。

中学に入って5～6人の女子グループで毎朝一緒に登校していたんですけど、ある日待ち合わせ場所に行ったら誰もいなくて。そこから1週間くらい5人から無視され続けるっていうことがあったんです。原因は…誰に何を言ったかとかは全く覚えていないんですけど、私があまりに伸び伸びしすぎていて、たぶんグループの1人の子の気に障るようなことを言って怒らせちゃったんですよね。それが他の女子にも伝わってみんなで無視しようってなったんだと思います。1週間、そのグループでは一緒に帰る人が誰もいなくなって、他の子を見つけて一緒に帰ったりはしてたんですけど、いつもは一緒じゃない子と2人で帰る道のりを残像のように覚えています。

今思えば残酷ですよね。あれは結構、自分の人生のなかの1つの転機でした。当時、家族にはいじめられていたことを黙っていましたね。お母さんにもお兄ちゃんにも言わなかったです。

結局、グループのみんなに謝って、仲間に戻してもらい、中1の終わりまではそのグループで表面的には楽しく過ごしていました。中2になったらクラス替えでその子たちと離れて、もっと気の合う友達ができたり、好きな人もできたりして、結構楽しかったんですけど…。

中1で仲間外れにされたときは、胃が痛くなって吐くということを人生で初めて経験したんです。子どもながらに相当ストレスで、精神的にやられてしまったんでしょうね。**「私って世間とずれてたんだ」**と、このとき初めて痛烈に認識したんだと思います。それまでもたぶん、ずれはあったんだと思うんですけど、楽しくやれる友達が周りにいたので、私どっかおかしいのかな？って思うことはあんまりなかったんですよね。

このときから私、周囲に異常に合わせるようになったんです、怖くなっちゃって。自分を結構信じていた小学生時代から、中学に入って深く傷ついたことによって、1人になりたくないから周囲にすごく気を遣うという技を後天的に覚えてしまったんです。

なので、その後も中学時代は表面的には明るく過ごしていたんですけど、この頃から自分のなかで**本当の自分と周囲に見せている自分との乖離**に自覚的になってきたように思います。楽しく振舞っていても、本当の自分と乖離していることはすごく苦しくて…。そんな矢先の中3の夏休みに、父が広島へ転勤することになったんです。母はついていくことになり、兄は高3だったので祖母と一緒に埼玉の家に残ることになって。私にとっては、知らない土地の中学に転校して、情報もないなか高校受験するなんてリスクしかなかったですけど――環境をガラリと変えて、**本来の自分を少しでも取り戻したい**と思ったんです。

当時は今みたいに言語化できていなかったですけど、地方都市に転校して、もう1回ゼロスタートで自分を自己紹介していくということをやってみて、小学生の頃の伸び伸びしていた自分に戻りたいみたいな気持ちがあったんでしょうね。もう一度、自分を形成したかったんだと思います。

広島へ行って、リセットできたのでしょうか？

結果としては、ある程度はできたんですよね。転校先にも割とすぐ溶け込めたし、高校は女子高へ行ったんですけど、高校生活もその時々で友達をつくりながら、そつなく過ごすことができました。ただ、広島まで来て環境を変えたからこそ、この頃からどこか自分はやはり学校やそのなかのグループみたいなものに属すということが、あまり向いてないのかなという部分を、人知れず自覚しつつあったような気もします。高校時代はそれなりに楽しみながら、大学には行かないと決めていました。学校というものに通うのは高校までにして、早く自分らしい道に進みたいという思いがあったので。

でも、広島で過ごした期間は——**自分が本当は何を願っているのか、どういう空気を吸っていると元気でいられるか、どういう場にいると疲れないか**っていうことを、少女時代ながらにとらえ直す時間になったと思うんです。海と山に挟まれた土地で、山に向かって自転車をこいで学校へ行き、帰りは海に向かってシャーッと下ってくるという毎日だったり。週末は、免許を持っている年上の友達とかと一緒に山のほうへドライブに行って、山小屋みたいな喫茶店でコーヒーを飲んだり——高1からそういう遊びをしていたんですけど、東京にいたらきっと同じようなカルチャーには触れていなかったと思うんですよね。

そういう広島という土地だからこそ味わえた豊かな体験がたくさんあって、1つ1つ覚えてるんです。お正月休みに友達とドライブへ行ったら、山の喫茶店の軒先につららが下がっていて、つららってこんなにきれいなんだと思ったり、寒いけどいい空気だなって感じたり。絵的な光景を含めたそういう感覚を10代の自分がフィジカルに味わったので、あのときの時間がなければ今絶対に

「北欧、暮らしの道具店」はやっていないと思うんですよ。

「北欧、暮らしの道具店」を始めるきっかけになったのが、30歳直前に夫とスウェーデンのストックホルムへ行ったことなんですけど、そのとき、広島に帰ってきたみたいな感覚があったんです。すごく息がしやすいみたいな感覚で、それは広島の生活がなかったら感じられなかったと思います。初めてのストックホルムで、**「今、東京で働いている自分が味わえていない何かがここにあるんだな」**って直感的に思えたのは、中学生のときの苦しさがあったり、それをリセットしようとして地方都市へ行ったりっていう経験があったからなんですよね。10代で自分のなかの大きなギアチェンジがあったことで、私の今があるんだなと思っています。

こんなひと 2

「本当の自分」はノートのなかに

20代でさまざまな職を経験するなか、それなりに重宝される自分の適応力に気づくものの「本当の自分がやりたいことは、これではない」と、好きなものや自分の気持ちをノートに書き続けていた。当時の思いがなければ今の自分はないと、彼女はずっとそのノートを大切にしている。

高校卒業後は関東へ戻って、20代後半までは職を転々としたそうですが、その過程で自分への発見はありましたか？

自分が何に向いているかということは、その時期にはわからなかったんですけど…1つだけ得た感覚としては、**どこへ行ってもそれなりに重宝される**っていうことですかね。ファミレスの店員とかコールセンターのオペレーターとか、未経験で入った職場ばかりでしたが。たとえばあるコーヒーチェーンにアルバイトで入ったときは、接客の笑顔がすごくいいねと言われて、カウンターの奥でエスプレッソマシンを扱う時間よりも、レジのシフトを多めに当てがわれたんです。私ってそう見えるんだ、という発見がありましたね。

コールセンターで働いたときは、最初はオペレーターとして入ったんです。消費財メーカーをクライアントとした認知度調査として全国にひたすら電話をかけてアンケートを取る、みたいなことをしていました。アンケートを取れた量が成績になるのですが、入って早々にトップ成績を取ってしまったんです。私たちオペレーターの電話をスーパーバイザーという立場の人が裏で全部聞いてるんですけど、**「顔の見えない相手に対して、あなたはどうしてそんなに長話できるの？　何かやってた？」**って言われて。何もやってないですと言いましたけど、そこからスーパーバイザーに任命されてしまったんですよね。そうなんだ私、という気づきはありました。

　どれも勤めてみないとわからなかったことなんですけど、他者からの自分へのいろんな評価をいろんな場所で聞いて、**どんなことでもやればできるのかも**という、うっすらとした自信みたいなものだけは得ていたのかなと思います。ただ、自分が得意なことに気づいたからといって、そういう職業を目指したほうがいいとか、この特質を生かして食べていこうと思ったことは一度もなくて、へえーって思いながら、ほとぼりが冷めた頃に「これじゃないかも」と辞めていくという、その繰り返しでしたね。

仕事をしていく上でのストレスはなかったですか？

仕事ができないとか覚えられないというストレスはあまりなかったですけど、おそらく私のそういう特性ゆえに、ある会社でまた理不尽な目にあいまして、先輩の女性から。私が入ってきたばかりのぺーぺーなのに、それなりに会社や上司から重宝されていることに対して…。

　当時、23〜24歳だったかな。悔しくて帰りの電車で泣いた記憶があります。自分がもしお店や会社をつくるなら、組織のなかでこういうことが起きるのは絶対に許したくないという思いは、こういう自分のちょっとつらかった体験によって形成されたと思います。

「あの頃の私を思って胸がぎゅっとなる」20代後半に作ったスクラップノート

2002年から2004年くらいまで、年齢でいうと26～29歳のときにまとめていたスクラップノートです。今見ると、「北欧、暮らしの道具店」の予言書みたいなんですよね。好きだなと思った雑誌の写真や行ってみたいカフェの切り抜きを貼ったり、本を読んで心惹かれた言葉を書き留めたり、イラストを描いたり。2002年の私、「幸福の反対語は諦めである」なんて書いていて、今読んでも胸がぎゅっとなります（笑）。当時はパリのカフェとか、映画『アメリ』の世界観にすごく憧れて、ひとり暮らしのキッチンもちょっとパリテイストにしていたんです。これを作る以前はずっと日記を書いていて、スクラップノートの後はウェブでブログを書き始めていました。20代はずっと何かを書いていましたね。

いろんな仕事をする一方で、好きなものを集めたスクラップノートを作っていたそうですね。

はい。ひとり暮らしを始めてから作りだしたので、26歳くらいからですね。雑誌の気に入ったページの切り抜きを貼ったり、読んで胸を打たれた小説の文章を抜き書きしたり、日記もそのなかに書いていて。4~5冊くらいになっていますけど、今でも取ってあります。あとは、「暮らしをつむぐ」っていうタイトルで、勝手に本にする想定でエッセイを書いたりもしました。当時、それを読んだのは兄と兄嫁だけだと思うので、いまだに読者は2人だけですけど、そういう謎なことをしていましたね。

そのエッセイは完全にお蔵入りですし、非公開ですけど…。でもそういうふうに、書くということは私にとってはずっと、せざるを得ない行為で、切実な思いで救いを求めるように、**誰にも読んでもらえなくても書かずにはいられない**という感じでした。

あの頃は、どの会社にいてどの仕事をしているときも、本当の自分はこういう仕事をしたいわけじゃないって、若気の至りかもしれないですけど思ってしまっていたので。本当の私がやりたいことは、このノートのなかにあるんだと思って、自分をなんとか保っていた時代なんですよ。

そのノートは、今のご自身に確実につながっていますよね。

つながっていますね。「北欧、暮らしの道具店」のYouTubeで配信しているオリジナルドラマ『スーツケース・ジャーニー』や『ひとりごとエプロン』は、スクラップノートに救いを求めて何かを書きつけている当時の自分をめちゃくちゃ思い出して企画を考えたんです。

『ひとりごとエプロン』は、「外では違うキャラで振る舞っているけど、ひとり暮らしの部屋に帰ると自分の世界がある女の子ってどんな感じだろう」って、自分の当時暮らしていたアパートとかを思い出しながら構想を膨らませました。『スーツケース・ジャーニー』は本の引用がいろいろ出てくるドラマなんですけど、当時私が本を読んで心を打たれた文章をノートに書きつけていたという原体験から発想が生まれていたりするので。

20年以上も前の経験なんですけど、そのときにやらざるを得なかったことが後からつながって、ドラマ制作にはどこか**当時の自分を救いに行っている**ような感覚はあると思います。苦しかった頃の自分を――。もちろん、私のような誰かがいるのであればそのような方に届けたいという気持ちもありますけど、歳を重ねた自分が過去の自分に、あの頃はあれでよかったんだよねと言ってあげたくなるような気持ちも、きっと混じっていると思います。

こんなひと

3

自分を広げていくことが心地いい

彼女の話によく登場するのがポテンシャルという言葉。「今の自分」を大切にしながらも、自分のポテンシャルを広げ、それについていけたときの喜びを味わいながら事業を拡大してきた。「もうこれ以上は無理かも」と感じながらも自分を広げていこうとする彼女の思いとは。

30歳直前に「好きなことに向き合う」と決めてインテリア事務所に入った後、「北欧、暮らしの道具店」を立ち上げて今に至るまでに、自分に対する気づきはありましたか?

いっぱいありましたね。2007年に兄と一緒に開業してから17年、自分について意外だったことも、思っていた通りだったこともあるし、頑張ればできるんだと思ったこともたくさんあるし…。

でも、こういうことが好きなんだなという感覚、広島時代から感じていた自分の中心にある感性みたいなものは変わっていない気がします。「北欧、暮らしの道具店」をつくってくるなかで、いつもその感覚に紐づけていたような気がするので。ただ、自分自身が会社を経営する立場になるとか、たくさんの社員を抱えた組織をリードする立場になる人生だったということは予想外の展開でしたね。そういう野望みたいなものって本当になかったんですよ。振り返ると、**今のような人生になっていっちゃうことを止められない17年だった**なと思います。すべて巡り合わせだったとはいえ、他の誰でもなく、自分が選んできたことだとは思ってるんですけどね。ずっとチャレンジングだったし、いろいろトライしてきたなかで、うまくできたこともあればできないこともあったので、気づきはいっぱいありました。

今、かなり幅広くビジネスを展開されていますが、そういう大きな事業体を動かしていけるマインドとはどのようなものなのでしょう？

実はそういう質問をよくいただくんですけど、うまく答えられたことが一度もないんですよね。今、会社のなかで私が見ている範囲は本当に広くて、そこに関わるたくさんの社員やステークホルダー、パートナーの方々がいます。「北欧、暮らしの道具店」というD2C事業の売上や在庫計画とその進捗、ネットショップの品ぞろえの魅力から、ＹｏｕＴｕｂｅやサイトのコンテンツまで、基本的にすべて見ていますし。管掌部門についてはマネジメントのサポート、社員の人事的な分野まであらゆるコミュニケーションをしています。

たまに自分の仕事を誰かに引き継ぐために、今の私の役割って何だろうって、数年に1回書き出して更新し続けているんですけど…。自分としては、**何かすごく広い範囲のものを見ているという感覚はない**んですよね。何に臨むときも同じ気持ちで取り組んでいるので。相手や業務によって、自分の姿勢を変えていないんです。

ドラマや映画を作るのも、お客様を呼ぶイベントを企画するのも、オリジナル商品を企画するのも、売上のことを考えているときでも、同じ気持ちで向かい合っているので。その気持ちとは何ですか？と聞かれると難しいんですけど、幅広い業務に飛び回っているという意識があんまりない

んでしょうね。

5年後に年商をいくらにしたいから逆算でこうしようとかいう目標設定はあまりないスタイルの会社ですが、とはいえ数字のコミットメントが何もないかというとそうではなく、数字のプレッシャーは常に感じながら、どの業務とも向き合っているんですけど。軸にある気持ちはあって…。「北欧、暮らしの道具店」って「フィットする暮らし、つくろう。」というコンセプトを掲げていて、**自分のものさしで満足できる生活とか人生をつくっていけたらいいですよね**ということを、手を替え品を替え言っている会社だと思うんです。私自身、さきほどお話ししたように人生のいろんなところで居場所が見つからないような思いをしてきているから、居心地のいい場所や、世界をつくりたくて。もちろんそれには、世界中の人にとって、という言葉は使えないんですけど、少なくとも私みたいな人が、「こういう場所があれば安心して過ごせるし、お買い物ができる」という場所があったら嬉しいだろうなということをずっとイメージしながら仕事をしてきていて。だから、数字を見るときも、社員と接するときも、何かの企画を考えるときも、常にその**つくりたかった世界を壊さないためにどうすればいいか**など、「北欧、暮らしの道具店」という器、世界を大事にしつつ、成長していける方法を模索しているんです。社長である兄もたぶん私と同じ価値観だったから、ここまで一緒にやってこれたんですよね。

そういう気持ちですべてのことに向き合っているので、いろいろ忙しくて大変という部分はもちろんありますけど、軸にあるその気持ちがなかったら、たぶんこの事業は崩壊しちゃうと思うんです。今より忙しくなかったとしても崩壊しちゃうと思うので…。その気持ちを大事にし続けようっていうことが、自分を支えている気がします。

たとえば、会社が大きくなっちゃったから根本的に大事にしていたことが180度変わっちゃったよねとか、居場所をつくりたくて会社をつくったのに居心地が悪い会社になっちゃって自分も経営者として会社に行くのが怖くて嫌だ、みたいなことになっちゃったら、会社が大きくなったことを大変だと思うマインドになっちゃったと思うんですよね。でも、そうならないようにいろんな工夫や話し合いをしてきたので、そこに心を砕いている時間は、身を削るような負担にはならないんだと思います。

自分にとってもお客さんにとっても居心地がいいことを大事にされているんですね。

そうですね。居心地ってすごくふんわりした言葉なんですけど、ただ優しい、温かい場をつくりたいわけではなくて。**今の自分にフィットしていることも大切にしながら、自分のポテンシャルにもフィットする、その暮らしをつくろう**ということをやりたい会社だと思うんですよ。

今の自分のコンフォート（快適さ）にフィットしていることだけを居心地がいいとは、私も、クラシコムとしても定義していなくて、そのコンフォートゾーンを広げていく、ポテンシャル、可能性を広げていくということを、お客様と一緒にやろう、やりたいっていう。私たちが考える居心地がいいという意味は「変わっていかないでずっとここにいようよ」ということではないんです。

個人も組織も事業体も、コンフォートってありますよね。回り始めて成果が出るようになった状況から変化することがストレスになるってやっぱりあると思うんです。私もクラシコムを始めた当初は、実は仕事も暮らしもちょうどいいという状態が理想でした。なので今のようにそのバランスに時に苦しむ人生になることは想定外で。でも、無理なくできる範囲で満足していたかといえば、私が20代で職を転々としていたことがそれを示していると思うんですけど、やっぱり自分のポテンシャルを広げたかったんだと思うんですよ。

「フィットする暮らし、つくろう。」というコンセプトは、「今の心地よさを大切に」「今のままでいい」という意味であると理解してもらうことも多いんですけど、今のままの自分や環境を肯定するだけでなく、**変化に対する感情の揺れも含めて自分のポテンシャルにフィットする暮らしもつくっていきたい**、というメッセージも込めているんです。そのほうが淀まずに、むしろ居心地よくい続けられる側面もあるかもしれないと。「北欧、暮らしの道具店」のコンテンツ、ＹｏｕＴｕｂｅ動画もインターネットラジオも、すべてそのメッセージになっていると思うんです。ただこれは本当に自分たちが大事にしている感覚ということで、押しつけたり、無理やり共有していくものではないと思っているので、どこかでうっすらと、そんなコンセプトを、そのコンセプトを心地よいと思ってくださる方たちと共有できればいいなと思っているくらいのことではあります。

　それを自分に当てはめて考えても、この17年ってひたすらその連続だったんです。**もともと持っていた自分のキャパシティとかコンフォートからは、もうとっくにはみ出し切っていて。**最初は、社員10人とか15人くらいのアットホームな規模で、自分たちもある程度ごはんが食べられて、「北欧、暮らしの道具店」っていうネットショップがあるらしいよと知ってもらえるくらいで十分だったんです。でも、その規模を飛び越えて、どんどんポテンシャルを広げていかなきゃいけないっていう17年でした。私はどこまで自分のポテンシャルを膨らませて破裂させずにいられるかって、40代になった今もずっと不安ですよ。**もう今年で私のポテンシャルの風船は割れるかも**って毎年、本気で思ってます。毎日そういうこと考えてます。

　言わないけどたぶん、兄もその気持ちは一緒だと思います。自分が本来、そんな器じゃないと思っているので。なんとかここまで来れたけど、それは本当に周りを取り囲んで支えてくれている方たち、社員を含めてみんなのおかげだし、たま

たまきょうだいで支え合ってできたという運の良さだと思っているんです。

個人の能力とか器によってこの事業が成り立っているとは、私も兄も思っていないので。そういう意味ではもう常にいっぱいいっぱいですよ。来年もっと会社が変化したら、さすがにもう私のポテンシャルは終わりを告げそうだなって毎年思うんですけど。48歳の今までは一応、破裂せずに来たっていうだけですね。

ポテンシャルに終わりが来たと思ったときに、生き方の方向性が変わるかもしれない？

そういうときが本当に来るかもしれないし、ずっと風船が弾けずに、『暮しの手帖』の大橋鎭子さんみたいに80代になるまで会社に通える人生になるのかもしれないし…。もちろん弾けないようにしながら、今の役割の一部を誰かに引き継ぐという局面は年齢に応じて来ると思いますが。

いつ弾けるんだろうとはいつも心配していますけど、あまり自分を責めず、追い詰めず、弾ける日が来たら弾けるだろうから、そのときはそのときで次の身の振り方を考えようみたいに思いながら、あんまり背負い込まないようにはしていますね。未来については決め込まない気持ちでいるから、ここまで続けてこられたのかなと思います。

ポテンシャルを広げることが、人としての喜びにつながると感じているのですね。

すべての人の喜びかどうかはわからないですけど、少なくとも私はそこに喜びを感じることがあるんだということを、起業して気づけたんです。20代で職を転々としていた時期には、そういうことは全く言語化できていなかったですね。当時は、仕事に飽きちゃって辞めちゃうとか、ここにずっと自分がいても何かが起きる気がしないとか思って、いい人に囲まれていたのに辞めちゃうとか、そうやってたくさんの先輩や上司をがっかりさせてきたなと思います。

クラシコムという会社を始めてから、自分が全く想像していなかったことに対峙するってこういうことなんだとか、そこについていける自分を見いだせたときってこういう充実感があるんだということに気づいて、自分のポテンシャルを広げることの喜びを知った感覚がありますね。

こんなひと

4

私のなかの、うるさい友子

商品やコンテンツを作るとき、小さなことでも妥協しない。面倒くさいと思われても、こうしてほしいと伝える労を惜しまない。そのしつこさに自分で自分が嫌になっても、受け取った人がどんな気持ちになるかに敏感だからこそ、彼女は今日も「うるさい友子」の声に耳を傾ける。

起業して、なんでも自分で決められる立場になることは、仕事に向かう原動力になりましたか？

すべて自分で決められるかといえば、社長である兄と一緒にやっているので、兄との関係性のなかで寄り添うことはありますね。最初のうちは自分としても100％納得していない、気持ちが乗らないということであっても、兄がやってみたいと言うのであれば付き合う責任もあるのかなと思いますし。会社組織なので、私の立場でも自分が決めたり、発動したりすること以外に関わる場面はいろいろあります。そこは折り合いをつけながら、寄り添うときでも自分のなかにある形を変えた動機みたいなことと響き合わせながら、なんらかのモチベーションを見いだせるのが面白いと感じていますね。

ＹｏｕＴｕｂｅで配信しているオリジナルドラマも最初はそういうスタートでした。10周年の

CMを作るつもりだったときに制作会社から提案を受けて兄がドラマってどうかねと言ってきて、私としては、なんでドラマ作るの？　と、最初はクエスチョンだらけのスタートですよ。でもいざ制作となると現場の指揮を執るのは私になるので、私がエグゼクティブプロデューサーという形で作っているうちに乗ってきちゃって、誰よりもドラマを作りたい人みたいになっちゃったという謎の事態になり…でもそういうのは面白いですよね。

お兄さんが何かのインタビューで、ドラマ制作での佐藤さんのこだわりの強さについて話していました。

そうせずにはいられないんですよ。これって食あたりみたいな感じで、**自分で自分にあたりながらもやっているん**ですよね。「私を誰か止めて」と自分自身で思いながらもやらざるを得ないという感覚です。「もうここでOK出してやれよ」っていう私のなかの1人の友子が言ってるんですけど、「いや、もっと良くできるだろう」って違う友子がうるさいから、ちょっとお前黙っとけよって思うんですけど、**黙んないんですよ、こっちの友子が**。だから、ものづくりに対して何かこだわりを見せるときも、ナチュラルにやっているわけではなく、自分のなかで葛藤がありながらやっていますよ。オリジナル商品についても、コンテンツのクリエイティブにしても、何においてもむちゃくちゃ闘うんですよ、私のなかで。本当はどこまでもこだわりたいんですけど、やっぱりそれでは前に進めないし、そこまでしないといけないものと、そこまでしなくても十分できているというものとがあると思うので、バランスを見ながら自分のなかの勝敗を決めていますけど…。ドラマとか、会社の新しい取り組みとして何かを出すときは、うるさい友子のほうを勝たせてあげることが多いですね。

お客様が新しい取り組みに驚きながらも、どこかで「らしいな」と感じてくださるものにするためには妥協できないなと思うし。今までにない新しさを何か感じてほしいということが主軸にあるので、自分のなかで見えているビジョンみたいなものがあるんですよ。解像度高く自分が見えていることに関しては、相手が社外の方であろうとも、遠慮することなく率直にやり取りさせていただいています。ここを直してほしいとか、もっとこういうふうにしたいからこういう衣装に変えてほしいとか、かなり粘りますね。

これまでに、『青葉家のテーブル』『ひとりごとエプロン』『スーツケース・ジャーニー』『庭には二羽』という4作のドラマシリーズを制作しましたが、ドラマ作りでは特に粘りが出てしまうんです。でも、こんなにうるさい私なのに、打ち上げとかで監督さんやスタッフの方とお話しすると、「ワンチーム感がすごくあった。クラシコムと一緒にまた作品を作りたい」というようなことを言ってくださるんです。映像制作会社だったり美術さんだったりにとって、私は発注主でありクライアントなんですけど、**「佐藤さんはクライアントというより、信頼できるスタッフでした」**と言ってくれる方もいて。先日もあるカメラマンさんが、「こんなに細部まで一緒にこだわって意見をしてくれるクライアントには出会ったことがないから、映像の仕事を長年やってきた人生のなかで一番幸せな現場だった」と言ってくださって、それはすごく嬉しかったです。

佐藤さんの思いが現場の方に伝わっているのだと思いますが、どんな伝え方をしていますか？

それは社内外のどなたに対しても同じなんですけど…。粘って、もっと良くしたいと思うときは、作ってくださってすでに出来上がっているものに対して、そこまでの本当に真摯な健闘に対して敬意を払い、感謝を示してから、ただ今回はもっと

小さいバッグを持つと決めて
中身をコンパクトに

これまで本当に荷物が多いタイプだったんですけど、1年くらい前に初めてバッグを小さくしようと決めて、形から入るために小さいハンドバッグを買ったんです。財布はずっと長財布を使っていましたが、このバッグを持つために財布も小さくしようと思って「北欧、暮らしの道具店」オリジナルの手のひらサイズのベージュの財布にしました。メガネケースも左手で持っている小さいものにして。右手の真ん中は鍵類などをまとめて入れているケースで、奥は名刺入れ。黄色を選んでいるのは、バッグのなかで見つけやすいようにと、洋服がネイビーとか黒が多いので、ちょっと明るい色にしたいなと思って。ご挨拶するときに取り出すだけで、自分も元気がもらえるんですよね。

こうできると思っている、と伝えています。それが私の好みとかではなく、観る人がこう感じると思うからだという、より客観的な言い方で。

伝えようとしているのは、**「私がどう思うかだけを意識しないでください」**ということなんです。「佐藤さんはどっちがいいと言うでしょう」というふうに考えるのではなく、このドラマを観たお客様がどう感じるかを一緒に考えていただけたらありがたくて、私もお客様と並列に並んでいる1人として、みんなでそこを見て一緒に作れたらというコミュニケーションを誰に対しても取るようにしています。

それでもやっぱり、新しく入社してきた社員が「佐藤さんはどっちだろう」って思いながらドキドキしているみたいな状況はあって、そういう現場はゼロにはできないんですけど…。それは時間をかけて関係を構築していくしかないかなと思いつつ、社外の方にも同じように、「私を通じてであるとしても、お客様のほうを一緒に見てもらえたら」といつも伝えていますね。これを受け取った人がどんな気持ちになるかが一番大事で、モヤモヤしたり、心がざわついたりするような表現やビジュアルは排除するようにしているし、少しでも温かい、満たされた気持ちになってもらえるものを届けたいといつも思っています。

細かいところまでこだわってしまう自分の性格をどう受け止めていますか？

面倒に感じることはありますね。一事が万事、隣でささやいてくる友子がうるさいので…。でもいちいち向き合おうとするのがいいところでもあるんだろうなと思います。「北欧、暮らしの道具店」のコンテンツの1つであるインターネットラジオの『チャポンと行こう！』で、そういう私の何にでも向き合ってしまうところについて話すようになったら、共感してくださる方がたくさんいて、逆に励ましていただいたようにも感じまして。考えすぎる性格であることを、少しだけ肯定してあげられた感覚でした。

ただ本当に、なんで私ってこうやって一個一個のこと、ひとりひとりの人に対して、受け止めて返そうと思っちゃうんだろう、もっと軽く受け流せよ、みたいに思うことはすごくありますよ。でも受け流せるタイプとは真逆の性格で、いろんなことに込められている気持ちをすべて真に受けちゃうんで…。それがいいところでもあるとしても、やっぱりもうちょっとスマートにできないものかと思うことはありますね。

こんなひと 5

「働く主婦」である私

「主婦」と「働く女性」。どちらのカテゴリーでもなく「働く主婦」であると自覚する彼女。特定のグループに自身をカテゴライズすることなく、「働いている人である前に生活者である自分」として、すべての人と共有できる感覚を大切にしながら、日々、メッセージを発信する。

「北欧、暮らしの道具店」の動画で佐藤さんが「働く主婦の」という表現で登場されているのが新鮮でした。一般的によく使われる「主婦」でも「働く女性」でもなく。

「夜な夜なキッチン」シリーズの「小学生の子供を持つ、働く主婦のルーティン」という動画とかですね。まずは、ＹｏｕＴｕｂｅでより多くの人に届くような動画にするためという理由があります。あらゆる属性の方に近しく感じていただけるようなクリエイティブの工夫をしているという背景ですね。ナイトルーティンの動画は、私のことをご存じない方もたくさん視聴されるので。一方で、「雑貨店・店長」ということを打ち出して私が登場している動画もあって。観る人の属性を切り分けて、その番組のテイストに合ったタイトルをつけているという背景があります。

そのうえで、「働く主婦」という表現に対して違和感を抱いていない自分がいるのは確かですね。インターネットラジオの『チャポンと行こう！』では、「北欧、暮らしの道具店」店長である私と、創業時からの社員である兄嫁の「よしべさん」が、「主婦トーク」という切り口でお話ししていますし。主婦という言葉が正しいかどうかわからないですけど、**自分は会社経営者とか働く女性である前に、生活者だ**という意識が本当にあるので。

生活者であることを重視している姿勢はすごく伝わってきます。

今、働く主婦という言葉について改めて聞かれたことがすごく新鮮で、そっか確かに、と思いました。主婦なの？ 働いてる人なの？ どっちなの？ って自分の感覚を聞かれたら、働く主婦だって本気で思ってるなと感じます。まずは自分の出発点が生活者であって、そのなかで仕事をしているという意識があるから、その言葉に違和感がないんだろうなと。

インターネットラジオでは、お便りでいただく質問に対して仕事の話からお答えせざるを得ない場合もあって、そういうときは経営者として、働く人としての立場で自分の考えを話すこともあるし、一緒にやっているよしべさんも同じように話してくれるんですけど…。**年代とか、お母さんかどうかとか、仕事をしている人かどうかでカテゴライズされるのが自分も苦手だった**し、できるだけそういうカテゴライズをしない語り方ができるようになりたいと思っていて。できていないかもしれないけど、できるようになりたいから。

何を書くときも、何を話すときも、何をつくるときも、誰とでも共有できる生活者としての共通点みたいなものを自然に探しながら、そのことに関わろうとしているかもしれないですね。

こんなひと

6

「ひとりの星」を持っている人が好き

彼女のなかから出てきた「ひとりの星」という言葉。伴侶や子どもがいても、家族と暮らしていても、心のなかでは常にひとりの星に住んでいる。そんな人に惹かれ、自身もそういう人であると自覚する彼女は、自分と向き合い孤独を味わうために、ひとりの時間を過ごしに行く。

インターネットラジオの『チャポンと行こう！』のある回で、佐藤さんが「ひとりの星を持っている人に惹かれる」と言っていたのが印象的でした。

本当ですか？　実はあの言葉はお便りでも反響があって、「ひとりの星、わかる」っていう人が世の中に結構いるんだということに気づきました。

ご自身も「ひとりの星」を持っているから似たような人に惹かれる？

まさにそうだと思います。20代の頃に思いをノートに書き留めていたことにしても、ひとりの星にいたと言うしかなく…なんていうか、ひとりでいたかったんですよね。自分の星にひとりでいる状態がベースで、仕事へ行く時間が来たら、「さ、地球へ行くか」みたいな。だから恋愛でもなんでも、ひとりでいたい自分の気持ちを尊重してもらえない相手とは、やっぱり一緒にいられなかったですね。人にはそういう孤独な部分があるのが前提だということを、発想として「俺、全然わかんねえ」みたいなタイプの人とは、同じ屋根の下では暮らせないなと思っていたので。

そういう、**ある寂しさとか孤独みたいなものが、自分にとってテーマ**なんだなと、最近気づきました。ある人に指摘されて気づいたんですけど、私、ひとりでいる時間のドラマばっかり作ってるんですよ。『ひとりごとエプロン』も『スーツケース・ジャーニー』も。人に言われるまでは気づかなかったし、どうしてなのかという明確な理由はないんですけど、たぶん、孤独を肯定したいんでしょうね。

ひとりでどこかへコーヒーを飲みに行ったり、お酒を飲みに行ったりして、本を読むとか…そういう時間に浸る感じが好きです。お酒を飲むとちょっと酔っぱらうので、その感覚のなかで、イヤホンで周りの音を全部シャットアウトして、スマホで流す音楽に没入するんです。すごくエモーショナルな気分になる音楽を、周りの会話も聞こえないくらいに、あえてガンガンかけて耳から入れて。特定のアーティストの曲とかではなく、誰かのセンスでセレクトされた洋楽のプレイリストをひたすらループで流したりしていると、あまり音楽に意識がいかなくてちょうどいいんです。

何かそういうときにしか味わえないモードがあって、読んでいる本をぱたっと閉じたり、ぼーっとしたり。何を考えてるわけでもないんですけど、ずっと温めていたアイデアがパッとつながったり。そっかこういうふうに思えばいいんだとか、何かの考えに出会えることがあって。

そんなふうに私がひとりの時間を持つときは、何かするために出かけていくというよりは、**あえて自分に没入しに行く**みたいなところがありますね。家ではなかなかつくれない時間なので。

大切に読んだ吉本ばななさんの本と起業の原点になった『生活はアート』

吉本ばななさんの本に出会ったのは確か中学2年生のとき。『TUGUMI（つぐみ）』（中央公論新社）の花柄の装丁に、「何これ、本なの？ なんてきれいなの！」と一目惚れして。中学生の私にとって1000円以上する単行本は高い買い物でしたけど、自分のお小遣いで買う初めての単行本はこれにしようと買って、大事に大事に宝物を触るように読んだ記憶があります。ばななさんの『アムリタ』（写真は新潮文庫）や『デッドエンドの思い出』（文春文庫）、吉田篤弘さんの『それからはスープのことばかり考えて暮らした』（中公文庫）も何度も読み返す好きな小説です。パトリス・ジュリアンさんの『生活はアート』（幻冬舎文庫）は、タイトルそのものに惹かれて24歳のときに単行本で買いました。「真の喜びは平凡な暮らしのなかにある」というメッセージに心をつかまれた、起業につながる私の転機をつくってくれた本ですね。

こんなひと 7

停滞している自分とも向き合いたい

「自分の好きなこと」に向き合おうと決めて始めた事業が想定外の規模に拡大し、「好き」と「重圧」がせめぎ合うなか、彼女は今の仕事にどのような気持ちで接しているのか。返ってきた答えは、繁栄も停滞も衰退も見届けたいという、自身を俯瞰する視点だった。

佐藤さんは今の仕事を「仕事」って思っていますか？　好きで始めてここまで大きくなった仕事にどう向き合っているのかなと…。

最後にすごい質問来ましたね。仕事を仕事と思っているか――なんだろうな、仕事というふうには思ってはいるんですけど、思っていないような部分も確かに言われてみればあるかもしれないですね。かといって遊びと思っているかといえば、そこまででもなく。仕事と遊びの真ん中ですって言うほど楽しい楽しいでやってるかというと、そうじゃないなと思うんですけど…。なんだろう、なんか**宿命と思ってやってます**。

遊びでもないし、仕事という感じではここまで頑張ってこられなかった気がします。創業当初の自分はそこまで願っていたわけじゃなかったのに今のような規模になっていることが、なんかもう自分で操作していることではない気がするから。

頑張れている間は、自分に何かそういうお役目があるんだと思ってやっていこうという感じですね。

なので決して楽しい楽しいというだけではないし、かといって使命とか天命っていうほど背負ってもいなくて。でも続けてきたことによる深い喜びというのは、やっぱり随所にあるんです。なので宿命っていうのが一番、自分のなかでしっくりくるかな。

最初は兄に誘われて不動産関係のＩＴの会社を立ち上げて、それがうまくいかなくなり、最後の社員旅行のつもりで兄と一緒にスウェーデンへ行ったことが、「北欧、暮らしの道具店」の始まりなので…。きょうだいで始めたということも、よかった部分もあるし、難しさもあるけど、宿命だったのかなと思うと自然だと感じちゃうところがあって。こんなふうに会社を成長させようなんて兄も私も思っていなかったのに、どうして今があるんだろうと思うと、きっとそうなることで何かの意味があるのかなと。時間をかけて感謝と共にそう考えるようになったところがあるんですよ。これを楽しいものにしようとか半分遊びだとかって思っていたら、たぶん苦しかった気がします。

宿命、納得の言葉です。
いつも、気持ちにぴったりくる言葉を探してお話しされていますよね。

最後に宿命と言わされるとは思わなかったです（笑）。あんまりこの言葉は言ってないかもしれません。それが独り歩きして勘違いしているみたいに思われちゃっても嫌だし…。

この先トライしたいこと、実現してみたいことはたくさんあるんですけど、でもそれをやるべき流れでないのであれば、そこは敏感に感じ取りたいんです。そういう好奇心でずっとやっています。もちろん今後も事業を健やかに成長させ続けていきたいという願いは強く持っていますけど、個人の欲求としては、良い時期も悪い時期も全部を見届けたいという気持ちはすごくありますね。
　私たちが生きている間にそうなるのか、死んだ後にそういうことが起きるのか、まだ今はわからないですけど。**いい時期しかないっていうことは、歴史上、何においてもない**じゃないですか。クラシコムもまだ15年ちょっとの浅い歴史しかない会社だし、事業なので。何かその一端を始めた人としての宿命だったのかなって考えるようにすると、すごく気もラクになるというか。その解釈のほうが、変に頑張りすぎなくて済むんですよね。

仕事以外の人生について、こうしていきたいという思いはありますか？

　人生ってこうやって楽しまなきゃ、みたいな感覚って実はあんまりないんですよ。自分の感覚を大事にしたいということにはこだわってはいるんですけど。たとえば、これまでは自分の好みを完璧に反映した家をつくりたいと強く思うことがあまりなかったので賃貸で生活してきましたし、大きい旅行もほとんど行かないですし…。年に一度は海外旅行に行かなきゃとかそういうことは全く思ってなくて。今の自分や、仕事の仕方や、家族にとってフィットしていると感じられる「状態」をつくるということに、最もこだわり続けているかもしれないです。
　いずれは私も、今は選び取っていない楽しみも見つけたいなと思いますよ。そういう余裕を持てる世代にいつか到達できたらいいなと思っていて。仕事と半分半分くらいで旅行を楽しんだり…っていうのが後世にできたらすごく幸せだなって、ちょっと夢は抱いていますね。

仕事でやっていきたいことのほうが今はたくさんありそうですね。

　そうですね。最近、この年齢になって出てきている別の感情とか切実さがあって…。さっき、自分で自分に食あたりするみたいなことを言いましたけど、また**新たな自分にあたる**感じなんです。「北欧、暮らしの道具店」のお客様には私と近い世代の方も多いですが人生の先輩世代の方も多くいらっしゃるので、今の事業でまだニーズに応えきれていない部分があるなという感覚とかも、やっぱり自分が歳を重ねることで新たに出てきたりしているんで、終わりがないですね。

人生と一緒で、お店づくりも、コンテンツづくりも、終わりがない。ガウディのサグラダファミリアじゃないけど、何十年もかかって工事して、「もうだいぶできてますよ佐藤さん」とか周りの人に言われても、「いや、ここはまだまだ」っていうところばかり目についちゃうんですよ。落ち着ける踊り場がないというか、自分のやっていることに納得できない部分が見つかっちゃうから、今の私いいな、今のお店いいなって思うことが永遠にないっていう感じですね

だからそんな**私の気持ちを聞いてあげないと前に進めないから聞きにいく**んです。そういうのって私ひとりの気づきとかモヤモヤだけではない集合体みたいなところが、「北欧、暮らしの道具店」の事業にはあるんですよね。私の感覚を社員と100％共有できるわけでもないし、逆に社員は社員で、私とは別の世代とか立場で感じるいろんな心の声があるわけじゃないですか。そういう声も耳を傾けて聞きたいと思うから、結果ものすごい情報量になっちゃうんです。

そういうなかで何をどうしていくかということをまた決めたり、共通する要素を引き出していったりして、一筋のものを見いだしていくというのは、やっぱりエネルギーを使うことではありますね。そのエネルギーはいつまで持つのかなという不安も片方の手に持ちながらやっています。

このまま発展していくシナリオもあるだろうし、そうじゃない日が来たとしても、そのときの自分たちが、がっかりしたり焦ったりしながらも新しい境地を得るんだろうなと。**歳を重ねていくこと**

をどう受け入れていくかと同じで、繁栄とは真逆の概念にどうあらがわないでいられるか――成長しないで停滞しているとか衰退していく状況を受け入れるのって本質的に苦しいことですよね。

「この数年、ずっと成長していない気がする、ずっと同じ箱のなかでぐるぐるしているだけで終わった気がする」みたいに思うことって私もあるんです。停滞を感じる瞬間ってどんな仕事をしている人にもきっとあると思うんですけど、そういう気持ちも、嫌だけど丁寧に拾いながら、停滞って何だろうとか考えてみたり。そういうことをずっとぐるぐるやっていますね、癖みたいに。

「気持ち」を大事にするひと

佐藤友子

佐藤友子 一問一答

Q 性別を問わずかっこいいと思う人は？

A 志がぶれていない人

世の中的に名声を得ているとか、誰かと比較して優れているとかではなく、自分の志みたいなものがぶれていない人ですかね。歳を重ねたり、立場が変わったり、人生のステージが変わっていったりしても、客観的に見てぶれていないなっていう人に時折お会いすることがあって。そういう人をすごくかっこいいなと思うし、自然とリスペクトしちゃいますね。この人なんか本物だな、みたいに感じて。同じことを若い頃から言っていた気がするなとか、頑固さとは違うぶれなさみたいなものを、歳を重ねてもピュアに持ち続けている。そういう方にお会いすると、一緒にお仕事したいなとか、関わり合いを持ちたいなと思うことはありますね。

Q 10代の頃、夢中になったエンタメは？

A 少女漫画

高校くらいまではめちゃくちゃ少女漫画を読んでいました。『星の瞳のシルエット』『ときめきトゥナイト』『ハンサムな彼女』…とか、『りぼん』(集英社)で連載されていた漫画の単行本を教科書の間に挟んで、授業中に回し読みしたりして。あとは『週刊少年ジャンプ』(集英社)に載っていた『きまぐれオレンジ☆ロード』とか少年漫画も、兄の影響で読んでいて。兄とは漫画を貸し借りしていたので、中学高校時代は当時流行っていたそういう漫画を楽しんでいましたね。

Q 日々の生活で「こだわらない」部分はある？

A こだわらない部分のほうが多いです

生活を大事にしたいとは思っていますけど、こだわっていない部分のほうが多いです。家はそれなり見晴らしがよくて気持ちよければそれでいいと思っていて、全然まめに掃除していないから本棚とかもほこりだらけだし、日々の食事も手料理じゃなきゃと思っていないから、作れない日は家族で外食にも行くし。いろんなことを丁寧にこだわっているかというと、抜く部分は抜いていて、ズボラでいますね。

Q 最近お気に入りの1曲は？

A THE CHARM PARK『in heavenly peace』

THE CHARM PARKはユニット名っぽいんですけど、韓国系アメリカ人のソロのアーティストです。たまたま知ったんですけど、めちゃくちゃツボで、特にこの曲がすごく好きです。20代前半に兄とバンドをやっていたことがあって、そのときに好きだったテイストもちょっと彷彿とさせるような感じで、最近よく聴いていますね。

Q 自分にとって恥ずかしいなと思うことは？

A 知らない“一般常識”に出会うこと

世間で一般常識とされていることとか、社会的な問題とかで、この歳でも知らないことが結構あるんですよ、私。そういう何かの知識について自分が知らないって気づいたときは、いつも恥ずかしいなって思います。

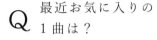

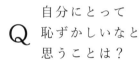

月と文社

つきとふみしゃ

「日常をもっと、味わい深く」をコンセプトに、
お守りのように長く持っておきたい本をつくっていくことを目指して
2023年5月に設立した出版社。代表の藤川明日香は出版社の日経BPに25年勤め、
最後の5年間は雑誌『日経WOMAN』編集長を務めた。
社名の月と文社は、藤川が20年以上住む東京の月島・勝どきエリアと、
20年以上携わる文章の仕事への愛着が由来となっている。
2023年12月に、東京を舞台にした大人向け絵本『東京となかよくなりたくて』を
初の書籍として出版。本書は2冊目の書籍となる。

かざらないひと

「私のものさし」で私らしく生きるヒント

2024年2月15日　第1版第1刷発行

編者／月と文社

写真／蝦名まゆこ

装丁／鈴木千佳子

発行者／藤川明日香

発行所／株式会社月と文社
〒104-0045　東京都中央区築地7-16-5-402
https://tsukifumi.jp/
電話　03-6825-2301
e-mail　moon@tsukifumi.jp

印刷・製本／モリモト印刷株式会社

ISBN 978-4-911191-01-9